M000189461

Lectures pour tous

with Test Preparation

McDougal Littell
A DIVISION OF HOUGHTON MIFFLIN COMPANY
Evanston, Illinois • Boston • Dallas

ISBN-13: 978-0-618-77275-9
ISBN-10: 0-618-77275-8
Internet: www.mcdougallittell.com

3 4 5 6 7 8 9 10 – 0982 – 12
4500363091

Table of Contents

Lectures supplémentaires

Academic and Informational Reading 195

Test Preparation Strategies

Introducing Lectures pour tous

Lectures pour tous

As you will see, this book helps you become an active reader. It shows you how to mark up the text with your own notes and reactions. You can also use it to take notes.

Reading Skills Improvement in French and English

You will read selections from your textbook as well as real literature. In addition, you will learn how to understand the types of texts you read in classes, on tests, and in the real world. You will also study and practice specific strategies for taking standardized tests.

Help for Reading

Many readings in French are challenging the first time you encounter them. Lectures pour tous helps you understand these readings. Here's how.

Avant de lire The page before each reading gives you background information about the reading and a key to understanding the selection.

Reading Strategy Reading strategies help you decide how to approach the material.

What you Need to Know A preview of every selection tells you what to expect before you begin reading.

Reading Tips Useful, specific reading tips appear at points where language is difficult.

A réfléchir... Point-of-use, critical-thinking questions help you analyze content as you read.

Introducing *Lectures pour tous*

Lectures pour tous
is a new kind of reading text.
As you will see, this book helps
you become an active reader.
It is a book to mark up, to
write in, and to make your
own. You can use it in class
and take it home.

Reading Skills Improvement— in French *and* English

You will read selections from your textbook, as well as great literature. In addition, you will learn how to understand the types of texts you read in classes, on tests, and in the real world. You will also study and practice specific strategies for taking standardized tests.

Help for Reading

Many readings in French are challenging the first time you encounter them. ***Lectures pour tous*** helps you understand these readings. Here's how.

Avant de lire The page before each reading gives you background information about the reading and a key to understanding the selection.

Reading Strategy Reading strategies help you decide how to approach the material.

What You Need to Know A preview of every selection tells you what to expect before you begin reading.

Reading Tips Useful, specific reading tips appear at points where language is difficult.

À réfléchir... Point-of-use, critical-thinking questions help you analyze content as you read.

À marquer This feature invites you to mark up the text by underlining and circling words and phrases right on the page.

Grammaire As you read, this feature highlights key grammar concepts.

Vocabulaire This feature helps you with the new vocabulary as you read the selection.

Analyse littéraire This feature appears in the *Lectures supplémentaires* section and encourages you to focus on one aspect of literary analysis as you read.

Reader's Success Strategy These notes give useful and fun tips and strategies for comprehending the selection.

Challenge These activities keep you challenged, even after you have grasped the basic concepts of the reading.

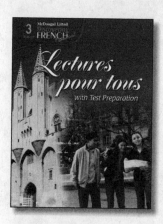

Links to Discovering French, Nouveau!

When using McDougal Littell's **Discovering French, Nouveau!,** you will find **Lectures pour tous** to be a perfect companion. **Lectures pour tous** lets you mark up the *Lecture* selections as you read, helping you understand and remember more.

Vocabulary Support

Mots clés Important new words appear in bold. Their definitions appear in a *Mots clés* section at the bottom of any page where they occur in the selection. You will practice these words after the selection.

Vocabulaire de la lecture Vocabulary activities follow each selection and give you the opportunity to practice the *Mots clés.* Active vocabulary words appear in blue.

Comprehension and Connections

Tu as compris? Questions after each selection check your understanding of what you have just read.

Connexion personnelle These short writing activities ask you to relate the selection to your life and experiences to make what you have read more meaningful.

Read on to learn more!

Academic and Informational Reading

Here is a special collection of real-world examples—in English—to help you read every kind of informational material, from textbooks to technical directions. Why are these sections in English? Because the strategies you learn will help you on tests, in other classes, and in the world outside of school. You will find strategies for the following:

Analyzing Text Features This section will help you read many different types of magazine articles and textbooks. You will learn how titles, subtitles, lists, graphics, many different kinds of visuals, and other special features work in magazines and textbooks. After studying this section you will be ready to read even the most complex material.

Understanding Visuals Tables, charts, graphs, maps, and diagrams all require special reading skills. As you learn the common elements of various visual texts, you will learn to read these materials with accuracy and skill.

Recognizing Text Structures Informational texts can be organized in many different ways. In this section you will study the following structures and learn about special key words that will help you identify the organizational patterns:
• Main Idea and Supporting Details
• Problem and Solution
• Sequence
• Cause and Effect
• Comparison and Contrast
• Persuasion

Reading in the Content Areas You will learn special strategies for reading social studies, science, and mathematics texts.

Reading Beyond the Classroom In this section you will encounter applications, schedules, technical directions, product information, Web pages, and other readings. Learning to analyze these texts will help you in your everyday life and on some standardized tests.

Test Preparation Strategies

In this section, you will find strategies and practice to help you succeed on many different kinds of standardized tests. After closely studying a variety of test formats through annotated examples, you will have an opportunity to practice each format on your own. Additional support will help you think through your answers. You will find strategies for the following:

Successful Test Taking This section provides many suggestions for preparing for and taking tests. The information ranges from analyzing test questions to tips for answering multiple-choice and open-ended test questions.

Reading Tests: Long Selections You will learn how to analyze the structure of a lengthy reading and prepare to answer the comprehension questions that follow it.

Reading Tests: Short Selections These selections may be a few paragraphs of text, a poem, a chart or graph, or some other item. You will practice the special range of comprehension skills required for these pieces.

Functional Reading Tests These real-world texts present special challenges. You will learn about the various test formats that use applications, product labels, technical directions, Web pages, and more.

Revising-and-Editing Tests These materials test your understanding of English grammar and usage. You may encounter capitalization and punctuation questions. Sometimes the focus is on usage questions such as verb tenses or pronoun agreement issues. You will become familiar with these formats through the guided practice in this section.

Writing Tests Writing prompts and sample student essays will help you understand how to analyze a prompt and what elements make a successful written response. Scoring rubrics and a prompt for practice will prepare you for the writing tests you will take.

Lectures

Reading Strategy
This feature provides reading tips and strategies that help you effectively approach the material.

What You Need to Know
This section provides a key to help you unlock the selection so that you can understand and enjoy it.

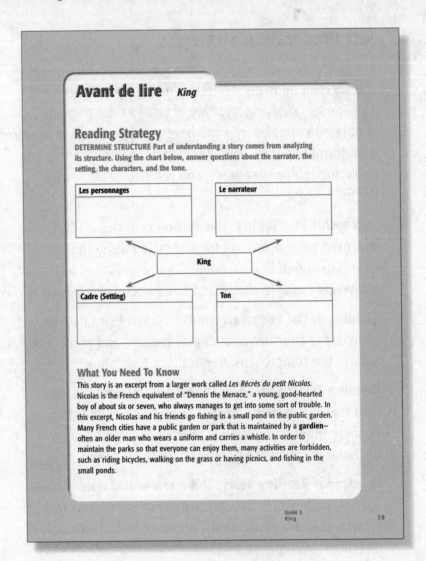

Avant de lire   *King*

Reading Strategy
DETERMINE STRUCTURE Part of understanding a story comes from analyzing its structure. Using the chart below, answer questions about the narrator, the setting, the characters, and the tone.

Les personnages		Le narrateur

King

Cadre (Setting)		Ton

What You Need To Know
This story is an excerpt from a larger work called *Les Récrés du petit Nicolas*. Nicolas is the French equivalent of "Dennis the Menace," a young, good-hearted boy of about six or seven, who always manages to get into some sort of trouble. In this excerpt, Nicolas and his friends go fishing in a small pond in the public garden. Many French cities have a public garden or park that is maintained by a **gardien**— often an older man who wears a uniform and carries a whistle. In order to maintain the parks so that everyone can enjoy them, many activities are forbidden, such as riding bicycles, walking on the grass or having picnics, and fishing in the small ponds.

Unité 3
King   19

À réfléchir…

Point-of-use questions check your understanding and ask you to think critically about the passage.

À MARQUER GRAMMAIRE
This feature asks you to notice how a particular grammar concept from the _leçon_ is illustrated. Underlining or circling the example makes it easy for you to find and remember.

READER'S SUCCESS STRATEGY
Notes like this one provide ideas to help you read the selection successfully. For example, some notes suggest that you fill in a chart while you read. Others suggest that you mark key words or ideas in the text.

MOTS CLÉS
Important vocabulary words appear in bold within the reading. Definitions are given at the bottom of the page.

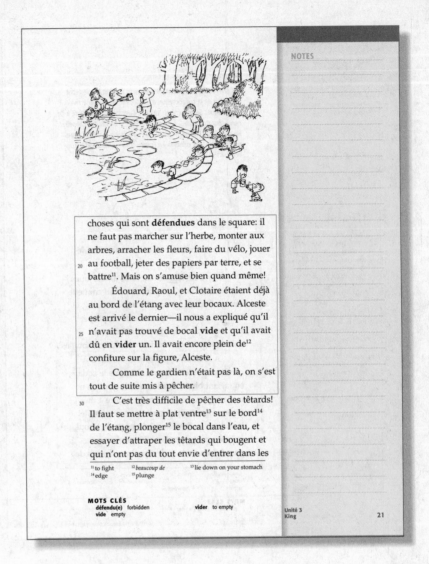

choses qui sont **défendues** dans le square: il
ne faut pas marcher sur l'herbe, monter aux
arbres, arracher les fleurs, faire du vélo, jouer
20 au football, jeter des papiers par terre, et se
battre[11]. Mais on s'amuse bien quand même!

Édouard, Raoul, et Clotaire étaient déjà
au bord de l'étang avec leur bocaux. Alceste
est arrivé le dernier—il nous a expliqué qu'il
25 n'avait pas trouvé de bocal **vide** et qu'il avait
dû en **vider** un. Il avait encore plein de[12]
confiture sur la figure, Alceste.

Comme le gardien n'était pas là, on s'est
tout de suite mis à pêcher.

30 C'est très difficile de pêcher des têtards!
Il faut se mettre à plat ventre[13] sur le bord[14]
de l'étang, plonger[15] le bocal dans l'eau, et
essayer d'attraper les têtards qui bougent et
qui n'ont pas du tout envie d'entrer dans les

[11] to fight [12] *beaucoup de* [13] lie down on your stomach
[14] edge [15] plunge

MOTS CLÉS
défendu(e) forbidden   **vider** to empty
vide empty

35 bocaux. Le premier qui a eu un têtard, c'était Clotaire, et il était tout **fier**, parce qu'il n'est pas habitué à[16] être le premier en quoi que ce soit[17].

40 Et puis, à la fin, nous avons tous eu notre têtard. C'est-à-dire qu'Alceste n'a pas réussi à en pêcher un, mais Raoul, qui est un pêcheur formidable, en avait deux dans son bocal, et il a donné le plus petit à Alceste.

45 — Et qu'est-ce qu'on va faire avec nos têtards? a demandé Clotaire.

— Ben, a répondu Raoul, on va les emmener chez nous, on va attendre qu'ils grandissent et qu'ils deviennent des
50 grenouilles, et on va faire des courses. Ce sera rigolo[18].

— Et puis, a dit Édouard, les grenouilles, c'est pratique, ça monte sur une petite échelle et ça vous dit le temps qu'il fera!

55 — Et puis, a dit Alceste, les cuisses de grenouilles, avec de l'ail, c'est très, très bon!

Et Alceste a regardé son têtard, en se passant la langue[19] sur les lèvres.

2.

Et puis nous sommes partis en courant
60 parce que nous avons vu le gardien du square qui arrivait. Dans la rue, en marchant, je voyais mon têtard dans le bocal, et il était

[16] accustomed, used to   [17] whatever it is   [18] *amusant*
[19] tongue

MOTS CLÉS
fier (fière) proud

Discovering French, Nouveau! Level 3

Vocabulaire de la lecture

Vocabulary practice follows each reading, reinforcing the *Mots clés* that appear throughout the selection. Words that appear in blue are *leçon* vocabulary words in ***Discovering French, Nouveau!***

Vocabulaire de la lecture

Mots clés

grandir	*to grow (in size)*	**ramener**	*to bring back*
défendu(e)	*forbidden*	**gênant(e)**	*bothersome*
vide	*empty*	**prévenir**	*to warn*
vider	*to empty*	**emmener**	*to bring*
fier (fière)	*proud*	**aller à la pêche**	*to go fishing*
fâché(e)	*upset*		

A. Complétez chaque phrase par le mot clé qui convient le mieux.

1. Mon père est très _____ de moi... il m'aime beaucoup.

2. Ma mère est très _____ avec moi parce que j'ai fait une bêtise.

3. Depuis l'année dernière, mon cousin a beaucoup _____.

4. Il n'y a rien dans cette boîte... elle est _____.

5. Il est _____ de marcher sur la pelouse dans les parcs français.

B. Faites quatre phrases en utilisant les mots clés qui restent.

1. _____

2. _____

3. _____

4. _____

Unité 3
King   27

Tu as compris?

1. Comment Nicolas et ses copains ont-ils attrapé les têtards?

   _____

   _____

2. Qu'est-ce qu'Alceste a fait pour vider un bocal?

   _____

3. Qu'est-ce que les copains de Nicolas veulent faire avec leurs têtards quand ils deviendront des grenouilles?

   _____

   _____

4. Pourquoi est-ce que les enfants ont quitté l'étang en courant?

   _____

5. Quel nom est-ce que le petit Nicolas a-t-il donné à son têtard et pourquoi?

   _____

   _____

Connexion personnelle

Quels animaux avez quand vous aimé étiez petit(e)? Est-ce que vous avez jamais ramené à la maison un animal que votre mère n'aimait pas? Écrivez une petite histoire dans le cahier à droite.

Quand j'étais petit(e)...

Tu as compris?
Comprehension questions check your understanding and provide the opportunity to practice new vocabulary words.

Connexion personnelle
These short writing activities help you see connections between what happens in the selection and in your own life.

Lectures supplémentaires

Notes in the margins make literature from the French-speaking world accessible and help you read works by famous authors such as Beckett and Molière.

Reading Strategy

This feature provides reading tips and strategies that help you effectively approach the material.

What You Need to Know

This section provides a key to help you unlock the selection so that you can understand and enjoy it.

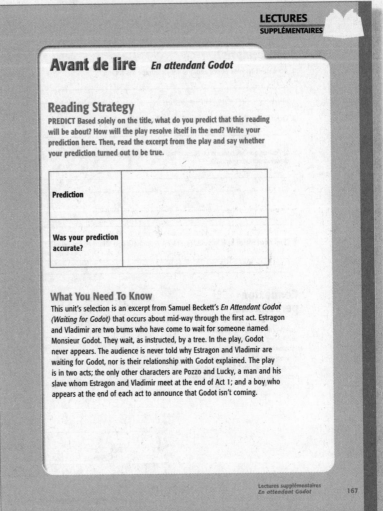

LECTURES
SUPPLÉMENTAIRES

Avant de lire *En attendant Godot*

Reading Strategy
PREDICT Based solely on the title, what do you predict that this reading will be about? How will the play resolve itself in the end? Write your prediction here. Then, read the excerpt from the play and say whether your prediction turned out to be true.

Prediction	
Was your prediction accurate?	

What You Need To Know
This unit's selection is an excerpt from Samuel Beckett's *En Attendant Godot (Waiting for Godot)* that occurs about mid-way through the first act. Estragon and Vladimir are two bums who have come to wait for someone named Monsieur Godot. They wait, as instructed, by a tree. In the play, Godot never appears. The audience is never told why Estragon and Vladimir are waiting for Godot, nor is their relationship with Godot explained. The play is in two acts; the only other characters are Pozzo and Lucky, a man and his slave whom Estragon and Vladimir meet at the end of Act 1; and a boy who appears at the end of each act to announce that Godot isn't coming.

Lectures supplémentaires
En attendant Godot   167

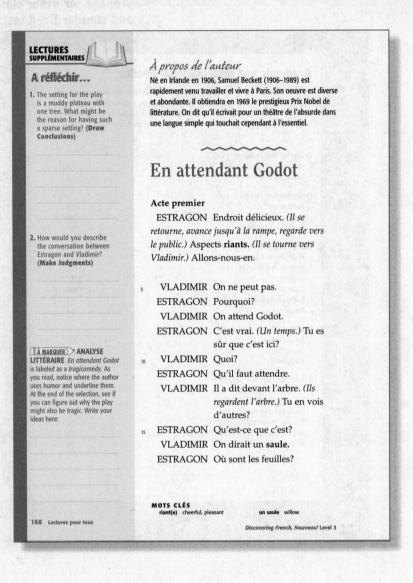

À réfléchir...

1. The setting for the play is a muddy plateau with one tree. What might be the reason for having such a sparse setting? **(Draw Conclusions)**

2. How would you describe the conversation between Estragon and Vladimir? **(Make Judgments)**

À MARQUER ANALYSE LITTÉRAIRE *En attendant Godot* is labeled as a *tragicomedy.* As you read, notice where the author uses humor and underline them. At the end of the selection, see if you can figure out why the play might also be tragic. Write your ideas here:

À propos de l'auteur

Né en Irlande en 1906, Samuel Beckett (1906–1989) est rapidement venu travailler et vivre à Paris. Son oeuvre est diverse et abondante. Il obtiendra en 1969 le prestigieux Prix Nobel de littérature. On dit qu'il écrivait pour un théâtre de l'absurde dans une langue simple qui touchait cependant à l'essentiel.

En attendant Godot

Acte premier

ESTRAGON Endroit délicieux. *(Il se retourne, avance jusqu'à la rampe, regarde vers le public.)* Aspects **riants.** *(Il se tourne vers Vladimir.)* Allons-nous-en.

5 VLADIMIR On ne peut pas.
ESTRAGON Pourquoi?
VLADIMIR On attend Godot.
ESTRAGON C'est vrai. *(Un temps.)* Tu es sûr que c'est ici?
10 VLADIMIR Quoi?
ESTRAGON Qu'il faut attendre.
VLADIMIR Il a dit devant l'arbre. *(Ils regardent l'arbre.)* Tu en vois d'autres?
15 ESTRAGON Qu'est-ce que c'est?
VLADIMIR On dirait un **saule.**
ESTRAGON Où sont les feuilles?

MOTS CLÉS
riant(e) cheerful, pleasant   un saule willow

168 Lectures pour tous

Discovering French, Nouveau! Level 3

À propos de l'auteur
Each literary selection begins with a short author biography that provides cultural context.

À réfléchir...

Point-of-use questions check your comprehension and ask you to think critically about the passage.

Academic and Informational Reading

This section helps you read informational material and prepare for other classes and standardized tests.

VARIED TYPES OF READINGS

The wide variety of academic and informational selections helps you access different types of readings and develop specific techniques for those reading types.

Academic and Informational Reading

In this section you'll find strategies to help you read all kinds of informational materials. The examples here range from magazines you read for fun to textbooks to bus schedules. Applying these simple and effective techniques will help you be a successful reader of the many texts you encounter every day.

195

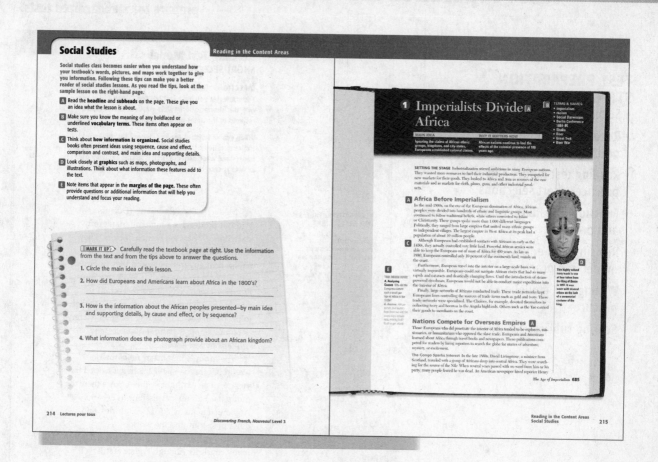

SKILL DEVELOPMENT

These activities offer graphic
organizers, Mark It Up features,
and other reading support to
help you comprehend and think
critically about the selection.

Test Preparation for All Learners

Lectures pour tous offers models, strategies, and practice to help you prepare for standardized tests.

TEST PREPARATION STRATEGIES

- Successful test taking
- Reading test model and practice–long selections
- Reading test model and practice–short selections
- Functional reading test model and practice
- Revising-and-editing test model and practice
- Writing test model and practice
- Scoring rubrics

READING STRATEGIES FOR ASSESSMENT

Note important details. What details expand the topic sentence in this paragraph?

Reading Test Model
SHORT SELECTIONS

DIRECTIONS "Saving Lives" is a short informative article. The strategies you have just learned can also help you with this shorter selection. As you read the selection, respond to the notes in the side column.

When you've finished reading, answer the multiple-choice questions. Use the side-column notes to help you understand what each question is asking and why each answer is correct.

Saving Lives

Médecins Sans Frontières (Doctors Without Borders) is a humanitarian group started in 1971 by ten French doctors. They felt the Red Cross was too careful not to offend host governments, and they disagreed with its policy of neutrality. Médecins Sans Frontières sends volunteers to over 80 countries each year to provide medical relief to people in need, including refugees, victims of famine or other natural disasters, and civilians in war zones.

The group's first major relief mission was in Nicaragua in 1972, when it helped the victims of an earthquake there. Since then, the group has had major missions in Lebanon, Afghanistan, many African countries, and other places around the world.

The organization's volunteers come from many countries, though France is still well represented: about 25 percent of them are French, while the rest are of about 45 different nationalities. Médecins Sans Frontières won the Nobel Peace Prize in 1999. The Nobel

Discovering French, Nouveau! Level 3

Discovering French, Nouveau! Level 3

Revising-and-Editing Test Model

DIRECTIONS Read the following paragraph carefully. Then answer the multiple-choice questions that follow. After answering the questions, read the material in the side columns to check your answer strategies.

¹The ancient Gauls were one of the most importantest peoples in what is now France. ²As early as the 5th century B.C., the Gauls had migrated south to the Mediterranean in 390 B.C., they sacked the city of Rome. ³Julius Caesar conquered Gaul in 58–50 B.C. and during 53–50 a Gaul leader named Vercingetorix led a revolt against him. ⁴Caesar let the Gauls keep some control of their citys. ⁵Because of this, many Gaul soldiers chose to help him in subsequent wars.

1 Which of the following is the best way to revise the first half of sentence 1?

　A. The ancient Gauls were one of the importantest peoples...

　B. The ancient Gauls was one of the most importantest people...

　C. The ancient Gauls was one of the most importantest peoples...

　D. The ancient Gauls were one of the most important peoples...

2 Which sentence in the paragraph is a run-on?

　A. sentence 1

　B. sentence 2

　C. sentence 4

　D. sentence 5

READING STRATEGIES FOR ASSESSMENT

Watch for common errors. Highlight or underline errors such as incorrect punctuation, spelling, or capitalization; fragments or run-on sentences; and missing or misplaced information.

ANSWER STRATEGIES

Verb Agreement and Comparisons *Gauls* is plural and requires a plural verb form. The superlative form of the modifier *important* is not formed by adding *-est*.

Run-on Sentences Two or more complete thoughts run together with no punctuation is a run-on sentence.

Writing Test Model

DIRECTIONS Many tests ask you to write an essay in response to a writing prompt. A writing prompt is a brief statement that describes a writing situation. Some writing prompts ask you to explain *what, why,* or *how.* Others ask you to convince someone about something.

As you analyze the following writing prompts, read and respond to the notes in the side columns. Then look at the response to each prompt. The notes in the side columns will help you understand why each response is considered strong.

Prompt A

　Because the United States is home to many cultures, it is also home to many cuisines. Think about the ethnic foods you have tasted. Which cuisine do you enjoy the most?

　Now write an essay that describes your favorite cuisine. Be specific about the foods you enjoy and list the reasons why.

Strong Response

　Midweek at Lincoln Prep offers a special treat. Each Wednesday, the cafeteria features the cuisine of a different culture. I've enjoyed curries from India, satays from Thailand, and falafel from Israel. Pasta from Italy is always a popular choice, as is Japanese tempura. I have to confess, however, that my favorite dishes can be found across the Atlantic in France.

　I've tried dishes with French names at restaurants before, but it wasn't until my family spent two weeks touring France last summer that I discovered how rich and varied French cuisine really is. The simplest meals were some of the best. When I was in Paris,

ANALYZING THE PROMPT

Identify the topic. Read the entire prompt carefully. Underline the topic of the essay you will write.

Understand what's expected of you. The second paragraph of the prompt explains what you must do and offers suggestions on how to create a successful response.

ANSWER STRATEGIES

Draw the reader in with an interesting opening paragraph. The writer includes a number of examples to introduce her topic–French food.

Include personal experiences when appropriate. The writer uses a family vacation as the backdrop for discussing French food.

Avant de lire *Conte pour enfants de moins de trois ans*

Reading Strategy

MAKE PREDICTIONS Based on the title and the drawings, indicate what
type of story you think this is. Check all that apply.

- ☑ une histoire réaliste
- ☑ une histoire humoristique
- ☐ un drame psychologique
- ☐ un conte fantastique
- ☐ un récit d'aventures

What You Need To Know

In this story, Ionesco describes a typical scene between a father and a
daughter. The mother is away, and the father needs to get ready for work,
but his small daughter won't leave him alone. He devises a strategy for
occupying his daughter's time while he gets ready for work.

À propos de l'auteur

Eugène Ionesco (1912-1994) est né en Roumanie. Il fait des études de français à l'université de Bucarest, et devient lui-même professeur de français. En 1938, il quitte son pays menacé par le nazisme et vient s'installer en France. Il commence alors une brillante carrière littéraire qui lui vaudra d'être nommé à l'Académie française.

Ionesco est l'auteur de 33 pièces de théâtre. Dans ses pièces, il dénonce la banalité ou l'angoisse de l'existence avec une arme très puissante: l'humour. Combattant l'absurde par l'absurde, Ionesco a créé un théâtre entièrement nouveau que ses critiques ont justement appelé «Le Théâtre de l'Absurde».

(Stories)

Conte pour enfants de moins de trois ans

5

10

Ce matin, comme d'habitude[1], Josette **frappe** à la porte de la chambre à coucher de ses parents. Papa n'a pas très bien dormi. Maman est partie à la campagne* pour quelques jours. Alors papa a profité de[2] cette absence pour manger beaucoup de saucisson, pour boire de la bière, pour manger du pâté de cochon,** et beaucoup d'autres choses que maman l'empêche de[3] manger parce que c'est pas bon pour la santé[4]. Alors, voilà, papa a mal au foie,** il **a mal à**

---

[1] as usual   [2] took advantage of   [3] stops, keeps from (doing)
[4] health

* **La campagne.** In French, the term **la campagne** (the country) is used to refer to any area outside **la ville** (the city).

** **Mal au foie.** The French believe that eating too many fatty foods, such as **saucisson** (sausage) and **pâté de cochon** (a type of meatloaf made of ground pork and served cold), and drinking too much wine or beer leads to **mal au foie** (abdominal pain indicating liver trouble).

MOTS CLÉS
frapper   to knock

READER'S SUCCESS STRATEGY Dashes are frequently used in French to indicate dialogue. Notice that in this reading, some dialogue is introduced with a dash and some is introduced with a "tag"—i.e. he said / she said. As you read, pay attention to the shifts between narration and dialogue. Pay attention to which character is speaking.

Josette knocks on her fathers door and he hasn't been feeling well lately.

In this unit, you've reviewed the use of reflexive verbs to talk about daily habits. Read the boxed text and underline the reflexive verbs.

À réfléchir...

Check all the activities Papa says he must do while Josette knocks on the door. **(Main Idea and Details)**

- [ ] Brush his teeth
- [ ] Wash his hair
- [x] Shave
- [ ] Make breakfast
- [x] Wash up

NOTES

His stomach hurt but Josette kept knocking on the door so he let her in and she asked where her mom was Josette wants to call her but he says he needs to get ready for work

---

would like

l'estomac, il **a mal à la tête,** et ne voudrait pas se réveiller. Mais Josette frappe toujours⁵ à la porte. Alors papa lui dit d'entrer. Elle entre, elle va
15 chez son papa. Il n'y a pas maman. Josette demande:

— Où elle est maman?

Papa répond: «Ta maman est allée se

to rest

reposer à la campagne chez sa maman à elle.»
20 Josette répond: «Chez Mémée⁶?»

Papa répond: «Oui, chez Mémée.»

— Écris à maman, dit Josette. Téléphone à maman, dit Josette.

Not necessary recall
25 Papa dit: «Faut pas téléphoner.»

Josette dit: «Raconte une histoire avec maman et toi, et moi.»

— Non, dit papa, je vais aller au travail. **Je me lève,** je vais **m'habiller.**
30 Et papa **se lève.** Il met sa robe de chambre⁷ rouge, par-dessus son pyjama, il met dans les pieds ses poutouffles⁸. Il va dans la salle de bains. Il ferme la porte de la salle de bains. Josette est à la porte de la salle de bains. Elle
35 frappe avec ses petits poings⁹, elle **pleure.** *cry*

Josette dit: «Ouvre-moi la porte.»

Papa répond: «Je ne peux pas. Je suis tout nu¹⁰, **je me lave,** après **je me rase.**»

---

⁵ *sans arrêter*   ⁶ *grand-mère*   ⁷ bathrobe
⁸ *pantoufles* (slippers)   ⁹ fists   ¹⁰ naked, nude

MOTS CLÉS
avoir mal à l'estomac   to have an upset stomach
avoir mal à la tête   to have a headache
pleurer   to cry

Josette wants to come in and her dad sent her on a wild goose chase to the dining room.

40 Josette dit: «Tu laves ta figure, tu laves
tes épaules[11], tu laves tes
bras, tu laves ton dos, tu
laves ton dérère[12], tu laves
tes pieds.

45 — Je rase ma barbe, dit papa.

— Tu rases ta barbe avec du savon, dit Josette.
Je veux entrer. Je veux voir.

II

Papa dit: «Tu ne peux pas me voir,
Tricking her? parce que je ne suis plus
50 dans la salle de bains.»

Josette dit *(derrière la porte)*: «Alors, où tu es?»

Papa répond: «Je ne sais pas, va voir. Je
suis peut-être dans la salle à
manger, va me chercher[13].»

55 Josette court[14] dans la salle à manger, et papa
commence sa toilette. Josette court avec ses
petites jambes, elle va dans la salle à manger.
happy
Papa est **tranquille,** mais pas longtemps.
again
Josette arrive **de nouveau** devant la porte de
60 la salle de bains, elle crie[15] à travers[16] la porte:

Josette: «Je t'ai cherché. Tu n'es pas
dans la salle à manger.»

Papa dit: «Tu n'as pas bien cherché.
Regarde sous la table.»

65 Josette retourne dans la salle à manger.
Elle **revient.**

---

[11] shoulders   [12] *derrière* (behind, rear end)   [13] go look
[14] runs   [15] yells, shouts   [16] across, through

MOTS CLÉS
être tranquille to be alone,   **de nouveau** again
  undisturbed   **revenir** to come back

Unité 1
Conte pour enfants de
moins de trois ans   5

NOTES

Dad says to look in the living room and the kitchen but he is not there so he gets a few minutes to himself, but not for long.

Elle dit: «Tu n'es pas sous la table.»

Papa dit: «Alors va voir dans le salon.

Regarde bien si je suis sur

70 le fauteuil, sur le canapé,

derrière les livres, à la

fenêtre.»

Josette s'en va. Papa est tranquille, mais pas pour longtemps.

75 Josette revient.

Elle dit: «Non, tu n'es pas dans le

fauteuil, tu n'es pas à la

fenêtre, tu n'es pas sur le

canapé[17], tu n'es pas derrière

80 les livres, tu n'es pas dans la

télévision, tu n'es pas dans le

salon.»

Papa dit: «Alors, va voir si je suis dans

la cuisine.»

85 Josette dit: «Je vais te chercher dans la

cuisine.»

Josette court à la cuisine. Papa est tranquille, mais pas pour longtemps.

Josette revient.

90 Elle dit: «Tu n'es pas dans la cuisine.»

Papa dit: «Regarde bien, sous la table

de la cuisine, regarde bien

si je suis dans le buffet[18],

regarde bien si je suis dans

95 les casseroles[19], regarde bien

si je suis dans le four[20] avec

le poulet.»

Josette va et vient. Papa n'est pas dans le

---

[17] couch [18] chest [19] pots [20] oven

four, papa n'est pas dans les casseroles, papa

100 n'est pas dans le buffet, papa n'est pas sous le
paillasson[21], papa n'est pas dans la poche[22] de
son pantalon. Dans la poche du pantalon, il y a
seulement le mouchoir[23]. *handcherchief*

Josette revient devant la porte de la salle de bains.

105 Josette dit: «J'ai cherché partout. Je ne t'ai
pas trouvé. Où tu es?»

Papa dit: «Je suis là.» Et papa, qui a eu
le temps de faire sa toilette,
qui s'est rasé, qui s'est habillé,

110 ouvre la porte.

Il dit: «Je suis là.» Il prend Josette
dans ses bras, et voilà aussi
la porte de la maison qui
s'ouvre, au fond du couloir[24],

115 et c'est maman qui arrive.
Josette **saute** des bras de
son papa, elle se jette[25] dans
les bras de sa maman, elle
l'embrasse, elle dit:

120 — Maman, j'ai cherché papa sous la table, dans
l'armoire[26], sous le tapis[27], derrière la glace, dans
la cuisine, dans la poubelle[28], il n'était pas là.

Papa dit à maman: « Je suis content que tu sois
revenue. Il faisait beau à la

125 campagne? Comment va ta
mère?» *Her grandma?*

Josette dit: «Et Mémée, elle va bien? On va
chez elle?»

---

[21] door mat	[22] pocket	[23] handkerchief
[24] at the end of the hall	[25] throws herself	[26] wardrobe
[27] rug	[28] garbage can	

MOTS CLÉS
sauter to jump   embrasser to kiss

Unité 1
Conte pour enfants de
moins de trois ans   7

CHALLENGE How successful
was Josette's father in
distracting her? (Evaluate)

Basically the
father leads
her to look all
over the house
and finally tells
her he is "here"
when he is done
in the bathroom.
The mom finally
comes home.

Vocabulaire de la lecture

Mots clés

frapper *to knock* ✓
avoir mal à l'estomac *to have an upset stomach* ✓
avoir mal à la tête *to have a headache* ✓
pleurer *to cry* ✓
être tranquille *to be alone, undisturbed* ✓
de nouveau *again*

revenir *to come back*
sauter *to jump*
embrasser *to kiss*
se raser *to shave* ✓
se lever *to get up* ✓

A. Complétez chaque phrase par le mot clé qui convient le mieux.

1. Quand on mange trop de bonbons, on *a mal à l'estomac*

2. Je suis arrivé devant l'appartement et j'ai *frappé* à la porte.

3. D'habitude, je *se lève* à six heures du matin.

4. On prend de l'aspirine quand on *a mal à la tête*.

5. Il a été très triste quand il a appris les nouvelles et il a

   commencé à *pleurer* .

B. Faites quatre phrases en utilisant les mots clés qui restent.

1. *J'espère être tranquille parce que je suis triste*

2. *Je ne veux pas se raser*

3. *Je veux aller en France de nouveau.*

4. *Greta embrasse le tableau.*

Tu as compris?

1. Où est la mère de Josette?

Elle est partie à la campagne.

2. Pourquoi est-ce que Papa ne se sent pas bien?

Papa mange beaucoup de nourriture

3. Que veut Josette?

Josette veut parler avec Papa.

4. Pourquoi est-ce que Papa a dit à Josette qu'il n'est plus dans la salle de bains?

Parce que il se lave dans la salle de bains

5. Comment est-ce que l'histoire se termine?

Parce que ce n'est pas vrai.

Connexion personnelle

Imaginez que vous êtes dans une situation semblable à celle de Papa. Vous êtes dans la salle de bains où vous vous habillez pour aller à un rendez-vous. Vous vous dépêchez parce que vous êtes en retard. Votre petit(e) frère ou soeur veut entrer dans la salle de bains. Qu'est-ce que vous allez faire? Écrivez un petit paragraphe dans le cahier.

Je vais fermer la porte et dis "Quitter!" Aussi, je voudrais les ignorer.

Unité 1
Conte pour enfants de
moins de trois ans

9

Avant de lire   *La couverture*

Reading Strategy

RECOGNIZE CHARACTERISTICS OF FABLES Most of us have read or know about fables. What do you already know about them? Answer the following questions about fables based on what you already know.

Est-ce que l'histoire des fables se passe dans le présent ou dans le passé?

_____

Qui est-ce qui gagne à la fin, la bonté *(good)* ou la méchanceté *(evil)*?

_____

Qu'est-ce qu'il y a toujours à la fin?

_____

What You Need To Know

This text is based on an old tale from the Middle Ages. During that time in France, society was divided into different social groups—**la noblesse** *(nobles)*; **le clergé** *(religious men)*; and **le peuple** *(commoners)*. Ordinarily, people from the noble class didn't marry common people. In this story, the difference in social class between the merchant and the young woman's brother is reflected in their language: **Brave homme** *(my good man)* is condescending; **Messire,** from the words **monsire** and **monseigneur,** was the term used in the Middle Ages for a noble and is the origin of the word **monsieur,** which is used today for all men.

La couverture

fable du Moyen Âge

I

À Abbeville* vivait
autrefois[1] un homme
heureux. C'était un
marchand[2] qui avait un
5 commerce de tissus[3]. Il avait
peu de **biens,** mais, grâce
à[4] son travail, il gagnait
honnêtement sa vie. Cet
homme était marié à une
10 femme qu'il adorait. Ils avaient
un fils unique. Ce garçon était
beau, fort, intelligent et respectueux de
ses parents. Chaque jour, le marchand et
sa femme rendaient grâce à Dieu[5] de leur
15 bonheur. Ce **bonheur,** malheureusement, n'a
pas duré[6] éternellement. Un jour, la femme
du marchand est tombée malade d'une
fièvre subite[7]. Une semaine plus tard, elle
était morte… Inconsolable, notre marchand
20 continua[8] à travailler dur et à s'occuper de
l'éducation de son fils. Quand celui-ci[9] eut[10]
dix-huit ans, il l'envoya[11] à Paris faire des
études de droit.

---

[1] *dans le passé*   [2] merchant   [3] fabrics
[4] thanks to   [5] gave thanks to God   [6] last
[7] sudden   [8] *a continué*   [9] the latter
[10] *a eu*   [11] *a envoyé*

* Abbeville est une petite ville de Picardie, une province située dans le
Nord de la France. Au Moyen Âge, cette ville avait une industrie textile
très importante.

MOTS CLÉS
les biens wealth   **le bonheur** happiness

READING TIP There are
several tenses used in this
story—the present, the
imperfect, the future, and the
passé composé. When you're
reading the story, pay attention
to what tense is being used.
Jot down notes about what you
observe.

How is the imperfect being
used?

_____

_____

_____

What tense is used to tell most
of the story?

_____

_____

_____

READER'S SUCCESS STRATEGY Long passages are
easier to understand if you
stop and summarize sections
as you go. This reading is
divided into manageable
portions with extra space
between each section. As you
read, stop and summarize—in
your own words—what you've
just read.

À réfléchir...

How is your life different from the life of the son in the story? How is it the same? **(Compare and contrast)**

25 Après deux ans d'études, le jeune homme revient à Abbeville pour travailler comme clerc de notaire. Un dimanche, pendant la messe[12], il **remarque** une très belle jeune fille qui est assise au premier rang[13] de l'église. Il s'enquiert de[14] l'identité de celle-ci.

30 On lui dit qu'elle est orpheline et qu'elle vient d'une famille très noble mais sans fortune.

Les dimanches suivants, le jeune homme revoit la jeune fille qui lui sourit[15]. Il tombe éperdument amoureux[16] d'elle. Finalement

35 il se décide à lui parler et il **se rend compte** que la jeune fille l'aime aussi. Alors, un jour il lui demande: «Voulez-vous m'épouser[17]?» La jeune fille lui répond: «Je voudrais bien vous épouser, mais vous n'êtes pas noble. Il faut

40 donc que votre père aille voir mon frère aîné et obtienne le consentement de celui-ci.»

Le jeune homme va trouver son père pour lui expliquer[18] la situation. Le marchand, qui veut faire le bonheur de son fils, va chez

45 le frère de la jeune fille. Celui-ci écoute sa requête, hésite et finalement dit:

— Brave homme, je veux bien que ma soeur épouse votre fils, mais à deux conditions.

50 — Quelles sont ces conditions, messire?

— D'abord, je veux que vous donniez votre maison à votre fils pour que ma soeur soit chez elle et non chez vous.

---

[12] (Catholic) Mass   [13] row   [14] *pose des questions concernant*
[15] smiles   [16] hopelessly in love
[17] to marry   [18] to explain

MOTS CLÉS
remarquer to notice   **se rendre compte** to realize

— C'est facile! Tout ce qui m'appartient[19]
55 appartiendra à mon fils. Je lui donnerai ma
maison la veille[20] même de son mariage. Et la
seconde condition, messire?

— Je veux que vous me donniez 10.000
écus d'or.**

60 — Mais, c'est impossible, messire. Je n'ai
pas cette somme sous la main[21].

— Que faites-vous dans la vie, brave
homme?

— Je suis marchand de tissu.

65 — Eh bien, il faut que vous vendiez
votre commerce et que vous m'apportiez le
produit de cette vente[22].

— Je ferai tout ce que vous voulez pour
assurer le bonheur de mon fils.

70 Comme convenu[23], le marchand vend
son commerce et donne sa maison à son fils.
Le mariage a lieu[24]. Les jeunes époux viennent
habiter chez l'ancien marchand qui leur laisse
sa chambre, la plus belle pièce de la maison.

75 Au début, tout se passe bien. Le jeune
couple est heureux. L'ancien marchand, qui
n'exerce plus sa profession, aide son fils et sa
belle-fille dans tous les petits travaux de la vie
domestique. Il bricole, répare les ustensiles
80 de cuisine, coupe du bois pour le chauffage[25]
de la maison, nourrit[26] les animaux, s'occupe
du jardin. Quand le premier enfant du couple

---

[19]belongs to   [20]*le jour avant*   [21]at hand, available
[22]sale   [23]as agreed   [24]takes place
[25]heating   [26]*donne à manger à*

** L'écu était une pièce de monnaie utilisée en France jusqu'à la
   Révolution en 1789. Dix mille écus d'or représentaient une somme
   considérable.

À MARQUER ▷ GRAMMAIRE

In this unit, you've learned to use the subjunctive. Read the boxed text and underline the examples of the subjunctive that you find. Note when the subjunctive is used and list below what verbs and expressions in the boxed text require the subjunctive.

naît, il cède[27] sa chambre au bébé et va habiter dans une chambre plus petite. C'est lui qui

85 s'occupe de son petit-fils. Il joue avec l'enfant, il le promène, il lui apprend à marcher et à parler.

Les années ont passé et la situation a bien

90 changé à la maison. Il y a maintenant cinq enfants. Le grand-père habite une chambre minuscule au grenier[28].

95 Il est vieux et infirme[29] et il ne peut plus travailler comme avant. Son fils n'a pas réussi dans ses **affaires** et

100 l'argent manque[30] à la maison. La femme de celui-ci a perdu sa beauté. Elle est devenue dure[31] et méchante[32], et elle ne peut plus **supporter** la présence de son beau-père à la maison. Un jour, elle parle

105 à son mari:

> — Votre* père est devenu une charge[33] inutile. Il faut qu'il quitte la maison.

---

[27] donne   [28] attic   [29] *invalide*   [30] *il n'y a pas d'argent*
[31] hard-hearted   [32] mean, nasty   [33] burden

* L'usage de **vous**. Autrefois, l'usage de vous (au lieu de tu) était beaucoup plus courant que maintenant. C'était une marque de respect utilisée par les enfants pour parler à leurs parents, et par les époux quand ils se parlaient entre eux.

MOTS CLÉS
   les affaires   business   supporter   to bear, stand

Discovering French, Nouveau! Level 3

— Mais, mon amie…

— Oubliez-vous qui vous avez épousé?
110 Il faut que vous choisissiez: votre père ou moi!

Le fils est morfondu[34]. Il va trouver son père et essaie de trouver une excuse.

— Père, il faut que vous quittiez votre chambre.

115 — Mais, mon fils, pourquoi veux-tu que je la quitte?

— Père, nous avons besoin d'argent. Il faut que nous louions cette chambre.

— Écoute, mon fils, je veux bien aller
120 loger[35] dans l'étable avec les chevaux…

— Père, c'est impossible!

— Et pourquoi donc me chasses-tu?
Embarrassé, le fils doit **avouer** la vérité: «Père, ma femme **exige** que vous partiez.»

125 Le vieillard[36], consterné, regarde son fils. «Et où veux-tu que je loge?»

—Vous irez à l'hospice des vieillards. Ils vous recevront[37].

— Mais, il fait froid là-bas.

130 Le fils appelle son fils aîné, un garçon de quatorze ans, celui-là même que son grand-père avait **élevé** quand il était petit.

— Fils, va dans ma chambre. Dans l'armoire, tu trouveras une grande **couverture**
135 de laine[38]. Prends-la et donne-la à ton grand-père.

---

[34] upset   [35] to live, lodge   [36] *personne âgée*
[37] *vont vous prendre*   [38] wool

MOTS CLÉS
avouer to admit, avow   **élever** to raise (children)
exiger to insist   **une couverture** blanket

À réfléchir...

What do you think happens
next in the story? **(Extend)**

_____

_____

_____

_____

_____

_____

CHALLENGE Do you think the
father did the right thing by
doing as the brother requested
at the beginning of the story?
Why or why not? **(Evaluate)**

_____

_____

_____

_____

_____

_____

_____

_____

_____

_____

_____

_____

_____

Le garçon monte dans la chambre de
ses parents, ouvre l'armoire et prend la
couverture. Puis, il prend son couteau[39] et
140 coupe la couverture en deux. Il descend dans
la cour[40] et donne la moitié[41] de la couverture
à son grand-père.

Son père, surpris, lui demande:

— Fils, pourquoi as-tu coupé la
145 couverture en deux? Et pourquoi n'en donnes-
tu que la moitié à ton grand-père?

— Parce qu'un jour, vous aurez besoin
de l'autre moitié.

L'homme regarde son fils sans
150 comprendre.

— Il faut que tu t'expliques! Quand
donc aurai-je besoin de cette couverture?

— Quand vous serez devenu vieux
et quand, à mon tour, je vous enverrai à
155 l'hospice des vieillards.

L'homme finalement comprend son
ingratitude. Il s'excuse et va embrasser son
père qui fond en larmes[42]. Puis, il va trouver sa
femme pour lui dire qu'il a décidé de garder[43]
160 son père à la maison. Celle-ci, qui a vu toute
la scène de sa fenêtre, a aussi compris. Elle
monte dans la chambre de son beau-père pour
allumer un bon feu[44] de cheminée[45], puis elle
va préparer un grand repas. Une nouvelle vie
165 familiale commence...

---

[39] knife   [40] courtyard   [41] half   [42] breaks into tears
[43] to keep   [44] to light a fire   [45] fireplace

Vocabulaire de la lecture

Mots clés

les biens *wealth*

le bonheur *happiness*

une couverture *blanket*

remarquer *to notice*

se rendre compte *to realize*

les affaires *business*

supporter *to bear, stand*

avouer *to admit, avow*

exiger *to insist*

élever *to raise (children)*

le bois *wood*

s'occuper de *take care of*

A. Écrivez le mot clé dont le sens est le plus proche du contraire du mot donné.

1. le malheur _____

2. ignorer _____

3. nier _____

4. le plastique _____

B. Choisissez la meilleure définition pour chaque mot.

_____ 1. les biens

_____ 2. élever

_____ 3. supporter

_____ 4. s'occuper de

a. faire tout pour éduquer les enfants

b. l'argent et la propriété que l'on a accumulés

c. prendre soin de

d. tolérer

Tu as compris?

1. Pourquoi est-ce que le marchand était un homme heureux?

_____

_____

2. Qu'est-ce que le noble lui a demandé de faire pour accepter le mariage entre sa soeur et le fils?

_____

3. Pour le marchand, laquelle des deux conditions est la plus difficile à réaliser? Pourquoi?

_____

_____

4. Pourquoi est-ce que le fils a décidé d'envoyer son père à l'hospice des vieillards?

_____

5. Qu'est-ce que le petit-fils du marchand fait avec la couverture? Pourquoi?

_____

_____

Connexion personnelle

Imaginez que vous viviez au Moyen Âge. Décrivez dans un journal ce qui s'est passé pendant une journée. Utilisez l'imparfait et le subjonctif.

Avant de lire *King*

Reading Strategy

DETERMINE STRUCTURE Part of understanding a story comes from analyzing its structure. Using the chart below, answer questions about the narrator, the setting, the characters, and the tone.

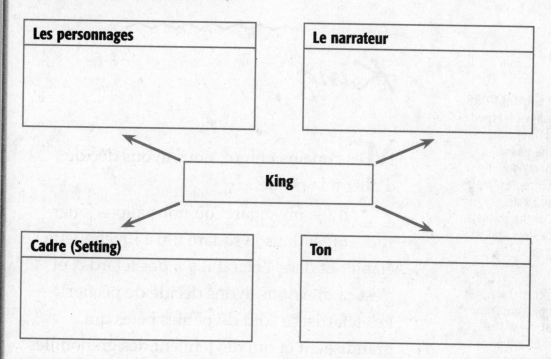

Les personnages

Le narrateur

King

Cadre (Setting)

Ton

What You Need To Know

This story is an excerpt from a larger work called *Les Récrés du petit Nicolas.* Nicolas is the French equivalent of "Dennis the Menace," a young, good-hearted boy of about six or seven, who always manages to get into some sort of trouble. In this excerpt, Nicolas and his friends go fishing in a small pond in the public garden. Many French cities have a public garden or park that is maintained by a **gardien**— often an older man who wears a uniform and carries a whistle. In order to maintain the parks so that everyone can enjoy them, many activities are forbidden, such as riding bicycles, walking on the grass or having picnics, and fishing in the small ponds.

Why do you think the author chooses to tell the story from Nicolas' point of view? **(Understand author's purpose)**

_____

_____

_____

_____

⫿⫿À MARQUER⟫ GRAMMAIRE
In this unit, you have learned about the uses of both the **imparfait** and the **passé composé** together. As you read, underline three examples of **imparfait** and circle three examples of the **passé composé.** Notice how and why each tense is used.

READING TIP This story is told in the first person, from Nicolas' point of view. The language is that of a typical French child. One thing that you might notice is Nicolas' use of the pronoun **on**—which is frequently used in spoken French instead of **nous**. Also, in line 47 of page 22, Raoul says, **Ben** when he begins his answer. This is a French equivalent to _Ah, well._

READER'S SUCCESS STRATEGY In the boxed section of the text, underline phrases that demonstrate Nicolas' mischievous nature.

À propos de l'auteur

Les divers albums relatant les aventures du petit Nicolas sont le produit de la collaboration d'un illustrateur et d'un écrivain. Jean-Jacques Sempé (né en 1932), l'illustrateur, a collaboré à de nombreux magazines. Il est aussi le père d'un fils qui s'appelle… Nicolas. René Goscinny (1926-1977), l'écrivain, a créé d'autres personnages très célèbres en France comme Astérix et le cow-boy Lucky Luke.

~~~~~~~~

King

1.

Mes copains et moi, nous avons décidé d'aller à la pêche!

Il y a un square[1] où nous allons jouer souvent, et dans le square il y a un chouette
5 étang[2]. Et dans l'étang il y a des têtards[3], et c'est ça que nous avons décidé de pêcher[4]. Les têtards, ce sont de petites bêtes qui **grandissent** et qui deviennent des grenouilles[5].

À la maison, j'ai pris un bocal[6] à
10 confitures vide et je suis allé dans le square, en faisant bien attention que le gardien ne me voie pas. Le gardien du square a une grosse moustache, une canne, et un sifflet à roulette[7] comme celui du papa de Raoul,
15 qui est agent de police[8]. Le gardien nous gronde[9] souvent, parce qu'il y a des tas de[10]

[1] _jardin public_	[2] pond	[3] tadpoles	[4] to fish
[5] frogs	[6] jar	[7] whistle	[8] policeman
[9] scolds	[10] _beaucoup de_		

MOTS CLÉS
20 **grandir** to grow (in size)

choses qui sont **défendues** dans le square: il ne faut pas marcher sur l'herbe, monter aux arbres, arracher les fleurs, faire du vélo, jouer
20 au football, jeter des papiers par terre, et se battre[11]. Mais on s'amuse bien quand même!

Édouard, Raoul, et Clotaire étaient déjà au bord de l'étang avec leur bocaux. Alceste est arrivé le dernier—il nous a expliqué qu'il
25 n'avait pas trouvé de bocal **vide** et qu'il avait dû en **vider** un. Il avait encore plein de[12] confiture sur la figure, Alceste.

Comme le gardien n'était pas là, on s'est tout de suite mis à pêcher.

30 C'est très difficile de pêcher des têtards! Il faut se mettre à plat ventre[13] sur le bord[14] de l'étang, plonger[15] le bocal dans l'eau, et essayer d'attraper les têtards qui bougent et qui n'ont pas du tout envie d'entrer dans les

---

[11] to fight [12] *beaucoup de* [13] lie down on your stomach
[14] edge [15] plunge

MOTS CLÉS
défendu(e) forbidden **vider** to empty
vide empty

35 bocaux. Le premier qui a eu un têtard, c'était Clotaire, et il était tout **fier,** parce qu'il n'est pas habitué à[16] être le premier en quoi que ce soit[17].

40 Et puis, à la fin, nous avons tous eu notre têtard. C'est-à-dire qu'Alceste n'a pas réussi à en pêcher un, mais Raoul, qui est un pêcheur formidable, en avait deux dans son bocal, et il a donné le plus petit à Alceste.

45 — Et qu'est-ce qu'on va faire avec nos têtards? a demandé Clotaire.

— Ben, a répondu Raoul, on va les emmener chez nous, on va attendre qu'ils grandissent et qu'ils deviennent des 50 grenouilles, et on va faire des courses. Ce sera rigolo[18].

— Et puis, a dit Édouard, les grenouilles, c'est pratique, ça monte sur une petite échelle et ça vous dit le temps qu'il fera!

55 — Et puis, a dit Alceste, les cuisses de grenouilles, avec de l'ail, c'est très, très bon!

Et Alceste a regardé son têtard, en se passant la langue[19] sur les lèvres.

2.

Et puis nous sommes partis en courant 60 parce que nous avons vu le gardien du square qui arrivait. Dans la rue, en marchant, je voyais mon têtard dans le bocal, et il était

---

[16] accustomed, used to   [17] whatever it is   [18] *amusant*
[19] tongue

MOTS CLÉS
fier (fière) proud

très chouette.
Il bougeait[20]
65 beaucoup, et
j'étais sûr qu'il
deviendrait
une grenouille
formidable, qui
70 allait gagner
toutes les courses.
J'ai décidé de
l'appeler King;
c'est le nom d'un

75 cheval blanc que j'ai vu jeudi dernier dans
un film de cow-boys. C'était un cheval qui
courait très vite et qui venait quand son cow-
boy le sifflait[21]. Moi, je lui apprendrai à faire
des tours[22], à mon têtard, et quand il sera
80 grenouille, il viendra quand je le sifflerai.

Quand je suis entré dans la maison.
Maman m'a regardé et elle s'est mise à
pousser des cris[23]: «Mais regarde-moi dans
quel état tu t'es mis!
85 Tu as de la boue[24] partout[25], tu es trempé[26]
comme une soupe! Qu'est-ce que tu as encore
fabriqué?»

C'est vrai que je n'étais pas très propre,
surtout que j'avais oublié de rouler[27] les
90 manches[28] de ma chemise quand j'avais mis
mes bras dans l'étang.

[20] was moving around	[21] whistles	[22] to do tricks
[23] to scream	[24] mud	[25] everywhere
[26] soaking wet	[27] to roll up	[28] sleeves

— Et ce bocal? a demandé Maman, qu'est-ce qu'il y a dans ce bocal?

95 — C'est King, j'ai dit à Maman en lui montrant mon têtard. Il va devenir grenouille, il viendra quand je le sifflerai, il nous dira le temps qu'il fait, et il va gagner des courses!

Maman a fait une tête avec le nez tout chiffonné[29].

100 — Quelle horreur! a crié Maman. Combien de fois faut-il que je te dise de ne pas apporter des saletés[30] dans la maison?

— Ce n'est pas des saletés, j'ai dit, c'est propre comme tout, c'est tout le temps[31] dans 105 l'eau, et je vais lui apprendre à faire des tours!

— Eh bien, voilà ton père, a dit Maman; nous allons voir ce qu'il en dit!

Et quand Papa a vu le bocal, il a dit: «Tiens! C'est un têtard.» Et il est allé s'asseoir 110 dans le fauteuil pour lire son journal. Maman était toute **fâchée.**

— C'est tout ce que tu trouves à dire? elle a demandé à Papa. Je ne veux pas que cet enfant **ramène** toutes sortes de sales bêtes à la 115 maison!

— Bah! a dit Papa, un têtard, ce n'est pas bien **gênant...**

---

[29] wrinkled   [30] something gross, dirty   [31] *toujours*

MOTS CLÉS
fâché(e) upset   **gênant(e)** bothersome
ramener to bring back

3.

120

Eh bien, parfait, a dit Maman, parfait! Puisque je ne compte pas, je ne dis plus rien. Mais je vous **préviens,** c'est le têtard ou moi!

Et Maman est partie dans la cuisine.

125

Papa a poussé un gros soupir[32] et il a plié son journal.

— Je crois que nous n'avons pas le choix, Nicolas, il m'a dit. Il va falloir se débarrasser de[33] cette bestiole[34].

130

Moi, je me suis mis à pleurer. J'ai dit que je ne voulais pas qu'on fasse du mal à King, et que nous étions déjà copains tous les deux. Papa m'a pris dans ses bras.

135

— Ecoute, mon petit bonhomme[35], il m'a dit. Tu sais que ce petit têtard a une maman grenouille. Et la maman grenouille doit avoir beaucoup de peine[36] d'avoir perdu son enfant. Maman ne serait pas contente si on t'**emmenait** dans un bocal. Pour les grenouilles, c'est la même chose. Alors, tu sais ce qu'on va faire? Nous allons partir tous les deux et nous allons remettre le têtard où tu l'as pris, et puis tous les dimanches tu pourras aller le voir. Et en revenant à la maison, je

140

145

---

[32] let out a large sigh   [33] to get rid of   [34] *une petite bête*
[35] *homme*   [36] *être triste*

MOTS CLÉS
prévenir to warn   **emmener** to bring

t'achèterai une tablette[37] de chocolat.

Moi, j'ai réfléchi un moment, et j'ai dit: «Bon, d'accord.»

Alors, Papa est allé dans la cuisine et il a dit à Maman, en riant, que nous avions décidé de la garder, et de nous débarrasser du têtard.

Maman a ri aussi. Elle m'a embrassé et elle a dit que pour ce soir elle ferait un gâteau. J'étais très consolé.

Quand nous sommes arrivés dans le jardin, j'ai conduit[38] Papa, qui tenait[39] le bocal, vers le bord de l'étang. J'ai dit: «C'est là.» Alors, j'ai dit au revoir à King, et Papa a versé[40] dans l'étang tout ce qu'il y avait dans le bocal.

Et puis nous nous sommes retournés pour partir et nous avons vu le gardien du square qui sortait de derrière un arbre avec des yeux ronds.

— Je ne sais pas si vous êtes tous fous[41], ou si c'est moi qui le deviens, a dit le gardien, mais vous êtes le septième bonhomme, y compris[42] un agent de police, qui vient aujourd'hui jeter le contenu d'un bocal d'eau à cet endroit précis[43] de l'étang.

---

[37] bar	[38] led	[39] held	[40] poured
[41] crazy	[42] including	[43] this very spot	

Vocabulaire de la lecture

Mots clés

grandir *to grow (in size)*
défendu(e) *forbidden*
vide *empty*
vider *to empty*
fier (fière) *proud*
fâché(e) *upset*

ramener *to bring back*
gênant(e) *bothersome*
prévenir *to warn*
emmener *to bring*
aller à la pêche *to go fishing*

A. Complétez chaque phrase par le mot clé qui convient le mieux.

1. Mon père est très _____ de moi... il m'aime beaucoup.

2. Ma mère est très _____ avec moi parce que j'ai fait une bêtise.

3. Depuis l'année dernière, mon cousin a beaucoup _____.

4. Il n'y a rien dans cette boîte... elle est _____.

5. Il est _____ de marcher sur la pelouse dans les parcs français.

B. Faites quatre phrases en utilisant les mots clés qui restent.

1. _____

2. _____

3. _____

4. _____

Tu as compris?

1. Comment Nicolas et ses copains ont-ils attrapé les têtards?

_____

_____

2. Qu'est-ce qu'Alceste a fait pour vider un bocal?

_____

3. Qu'est-ce que les copains de Nicolas veulent faire avec leurs têtards quand ils deviendront des grenouilles?

_____

_____

4. Pourquoi est-ce que les enfants ont quitté l'étang en courant?

_____

5. Quel nom est-ce que le petit Nicolas a-t-il donné à son têtard et pourquoi?

_____

_____

Connexion personnelle

Quels animaux avez-vous aimé quand vous étiez petit(e)? Est-ce que vous avez jamais ramené à la maison un animal que votre mère n'aimait pas? Écrivez une petite histoire dans le cahier à droite.

Quand j'étais petit(e)...

_____

_____

_____

_____

_____

_____

_____

_____

_____

_____

_____

Avant de lire

Une histoire de cheveux: comédie en 4 scènes

Reading Strategy

MAKE PREDICTIONS BEFORE YOU READ Based on the title of this piece, make some predictions about what is going to happen and what the reading will be like.

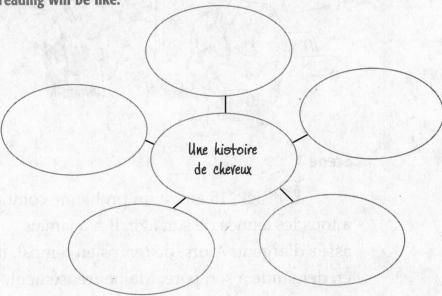

Une histoire de cheveux

What You Need To Know

The story you are going to read is about a young man, Patrick, whose father decides he needs a haircut. Patrick doesn't have any money (nor does he think he needs a haircut), but his father gives him twenty euros for the haircut. Of course, Patrick has other things he'd rather do with the euros. What follows is a comedy of errors.

In your opinion, how important
is it to have a good haircut?
(State an opinion)

_____

_____

_____

_____

|||À MARQUER⟩ GRAMMAIRE

In this unit, you've reviewed
the use of object pronouns.
Read the boxed text and
underline the object pronouns
that you find.

NOTES

_____

_____

_____

_____

_____

_____

_____

_____

_____

Une histoire de cheveux

Comédie en 4 scènes

Scène 1

Patrick, 15 ans, a un problème commun
à tous les jeunes de son âge. Il n'a jamais
assez d'argent. Alors, de temps en temps[1], il
en demande à son père. Malheureusement,
5 aujourd'hui, celui-ci n'est pas d'**humeur**
généreuse.

> — Dis, Papa, tu peux me donner un peu
> d'argent?
> — Mais, je t'ai donné vingt euros la
> 10 semaine dernière.
> — S'il te plaît, papa, c'est la dernière fois
> que je t'en demande.
> — N'insiste pas, Patrick, la dernière fois,
> c'était la dernière fois…

15 Le père de Patrick examine son fils de plus
près[2].

[1] from time to time   [2] closely, from close up

MOTS CLÉS
l'humeur mood

READING TIP Pay attention to the dialogue. As you read each line, imagine what that character is like. How might you play their character, for example? What would the gestures be like?

READER'S SUCCESS STRATEGY Use a chart to keep track of the action in each of the scenes.

Scène 1
Problème:

_____

_____

Solution:

_____

Scène 2
Problème:

_____

_____

Solution:

_____

Scène 3
Problème:

_____

_____

Solution:

_____

Scène 4
Problème:

_____

_____

Solution:

_____

— Dis donc, Patrick, **tourne-toi** un peu. Patrick se retourne.

— Tu as les cheveux drôlement[3] longs.

20 — Mais Papa, c'est la mode.

— Eh bien, moi, je n'aime pas tellement[4] la mode des cheveux longs… Il faut absolument que tu ailles chez le coiffeur.

— Tu oublies que je n'ai pas d'argent.

25 — Ah oui, c'est vrai. Combien est-ce que ça coûte, une coupe de cheveux?

— Dans les[5] quinze euros.

— Bon. Eh bien, voilà. Je te donne vingt euros, mais je ne veux plus voir cette horrible

30 tignasse!

— Merci, papa, à ce soir!

une tignasse

Scène 2

Patrick prend le billet de vingt euros que son père a sorti de son portefeuille, puis il met son blouson et quitte la maison. En

35 route, il rencontre Béatrice, une nouvelle élève du lycée où il va. C'est une grande fille

---

[3] *vraiment*   [4] *beaucoup*   [5] approximately

MOTS CLÉS
se tourner to turn around

brune avec de merveilleux yeux bleus. Patrick la trouve très sympa et très mignonne, mais jusqu'ici[6],

il n'a pas eu vraiment l'occasion de lui parler.

— Salut, Béatrice! Ça va?

— Oui, ça va.

— Dis donc, où est-ce que tu vas comme ça?

— Je vais au ciné.

— Qu'est-ce que tu vas voir?

— Le dernier film de Depardieu. Il paraît que[7] c'est génial… Si tu veux, on peut y aller ensemble.

Patrick voudrait bien accepter la proposition de Béatrice. Malheureusement, il y a cette maudite[8] coupe de cheveux.

— Euh, c'est que je dois aller chez le coiffeur.

— Mais, pourquoi? Je t'aime bien comme ça avec tes cheveux longs…

Patrick **rougit**.

— Malheureusement, j'ai un père qui préférerait me voir avec les cheveux courts.

— Ah bon, je comprends… Écoute, j'ai une idée!

---

[6] until now   [7] on dit que   [8] darned

MOTS CLÉS
rougir to blush

65   — Quoi donc?

    — On peut aller au ciné, et puis après, on peut aller chez moi. Mon père est coiffeur. Il va te faire une coupe super… Et, en plus, tu économiseras ton argent.

70   — Ben, oui, c'est une idée! Tu es bien sûre que ton père sera chez toi tout à l'heure[9]?

    — Absolument! C'est son **jour de congé** aujourd'hui.

    — Alors, dans ce cas, j'accepte!

Scène 3

75   Patrick et Béatrice sont allés au cinéma. Après le film, Patrick a invité Béatrice dans un petit restaurant italien où ils ont mangé une pizza. Ensuite, ils sont allés chez Béatrice. Là, ils ont une mauvaise surprise: il n'y a personne à la maison. Patrick s'inquiète.

80

    — Où est ton père?

    — Je ne sais pas! Il a dû faire un tour en ville avec ma mère. Ne t'inquiète pas. Je suis sûre qu'ils rentreront bientôt.

85   Une heure passe, et toujours personne. Finalement, le téléphone **sonne.** C'est la mère de Béatrice qui lui dit de ne pas l'attendre. Elle et son mari sont invités à dîner chez des amis. Ils ne vont pas rentrer avant onze heures.

90 Béatrice se rend compte du problème.

    — Dis, Patrick, mes parents ne vont pas rentrer ce soir.

[9] in a while

MOTS CLÉS
un jour de congé day off   **sonner** to ring

— Et ma coupe de cheveux?

— T'en fais pas[10]! C'est moi qui vais te

95 les couper.

— Comment? Tu sais couper les

cheveux, toi?

— Ben oui, tu sais, j'ai souvent regardé

mon père.

100 Patrick n'est pas très rassuré, mais il

n'a pas le choix. Il est bien obligé d'accepter

l'offre de Béatrice.

Béatrice va chercher les ciseaux de son

père. Elle demande à Patrick de s'asseoir

105 sur un tabouret[11]. Puis, elle commence à lui

couper les cheveux. Clic, une mèche[12] par ci!

Clac, une mèche par là. Clic! Clac! Clic! Clic!

Il est bien évident que Béatrice n'a jamais

coupé de cheveux de sa vie et le résultat est

110 un véritable désastre[13]. Elle a beau[14] passer[15]

de l'eau et du gel fixatif sur les cheveux

de Patrick, elle **n'arrive pas à** masquer les

échelles[16] qu'elle a faites de tous les côtés[17].

Patrick se regarde dans la glace. Il

115 comprend alors l'ampleur[18] de la catastrophe.

— Mon Dieu, qu'est-ce que je vais faire?

Béatrice essaie de le rassurer.

— Écoute, c'est pas si mal que ça! Mets-

toi un peu dans l'obscurité[19]… Non, ce n'est

---

[10] *ne t'inquiète pas*   [11] stool
[12] lock (of hair)   [13] *une catastrophe*
[14] *c'est en vain qu'elle essaie de*   [15] *mettre*
[16] layers   [17] *sides*
[18] extent   [19] *un endroit où il fait noir*

MOTS CLÉS
arriver à   to manage to

120 pas trop mal. Un conseil: quand tu seras chez toi, ne te mets pas trop près de la lumière[20], et personne ne verra rien.

Mais Patrick n'écoute pas. Il prend son blouson et sort de chez Béatrice, très inquiet…

Scène 4

125 Vingt minutes après, Patrick arrive chez lui. Il a l'air vraiment pitoyable[21]. Sa mère ne peut pas **s'empêcher de** rire.

— Mon pauvre Patrick! Tu as l'air d'un chat qui est tombé dans l'eau… Qui est-ce qui 130 t'a coupé les cheveux? Allez, dis-moi la vérité.

Patrick hésite un peu. Puis, il raconte à sa mère ce qui s'est passé. Celle-ci essaie de le consoler.

—Tu as de la chance! Ton père n'est pas 135 encore rentré! En attendant qu'il rentre, je vais essayer d'**arranger** cela!

Elle va dans la salle de bains chercher la tondeuse[22] qu'elle utilisait quand Patrick était petit. Puis elle commence l'opération… En 140 cinq minutes, elle a complètement tondu[23] le crâne[24] de Patrick.

— C'est un peu court, mais au moins ça peut passer….

Puis elle va ranger la tondeuse pendant 145 que Patrick va se regarder dans la glace.

---

[20] light   [21] pitiful [22] clippers
[23] to clip very short [24] head

MOTS CLÉS
s'empêcher de to stop, prevent oneself from
arranger to fix

À réfléchir...

How would you describe the relationship between Patrick and his father? **(Evaluate)**

CHALLENGE How would you summarize in one sentence the main conflict of the story? **(Summarize)**

— J'ai la boule à zéro[25]! Qu'est-ce que mes copains vont penser de moi?

— Ils vont trouver ça très bien. Je suis sûre que tu vas lancer[26] une nouvelle mode...
150 Tiens, voilà ton père.

Le père de Patrick vient en effet de rentrer. Il regarde Patrick avec surprise.

— Bravo, mon garçon! Tu as beaucoup de courage... Je te félicite! Tiens, pour te
155 récompenser[27], je vais t'emmener au cinéma ce soir. Est-ce que tu veux aller voir le dernier film de Depardieu? Il paraît que c'est très bon!

— Merci, Papa,... mais j'ai des devoirs à faire!

160 — Comme tu veux! Et excuse-moi d'avoir été un peu brusque avec toi cet après-midi.

---

[25] I'm completely bald!   [26] to launch   [27] to reward

Vocabulaire de la lecture

Mots clés

l'humeur *mood*

se tourner *to turn around*

rougir *to blush*

un jour de congé *day off*

sonner *to ring*

arriver à *to manage to*

s'empêcher de *to stop, prevent oneself from*

arranger *to fix*

une coupe de cheveux *haircut*

A. Décidez si les deux mots constituent des antonymes ou des synonymes.

		ANTONYME	SYNONYME
1. un jour de congé	un jour de travail	_____	_____
2. arriver à	réussir à	_____	_____
3. arranger	casser	_____	_____
4. s'empêcher de	se laisser	_____	_____

B. Complétez chaque phrase par le mot clé qui convient le mieux.

1. Ma mère est de bonne _____ aujourd'hui.

2. Quand elle savait qu'on l'avait entendu au téléphone, elle a _____.

3. Le téléphone à _____ au moins dix fois.

4. Il _____ vers sa cousine pour lui dire au revoir.

5. Il est allé au coiffeur pour avoir une _____.

Tu as compris?

1. Qu'est-ce que Patrick demande à son père?

_____

2. Qui est Béatrice et qu'est-ce que Patrick pense d'elle?

_____

3. Quelle solution est-ce que Béatrice propose pour le problème de Patrick?

_____

_____

4. Pourquoi est-ce que Patrick s'inquiète quand le père de Béatrice n'est pas chez lui?

_____

5. Que fait la mère de Patrick quand elle voit ses cheveux?

_____

Connexion personnelle

Quel style de coiffure préférez-vous? Est-ce que vos parents sont d'accord avec ce style? Qui vous coupe les cheveux habituellement? Dans le cahier à droite, décrivez votre style de coiffure et ce que vous faites pour garder une bonne présentation.

Mon style de coiffure

Avant de lire   *Le mystérieux homme en bleu*

Reading Strategy

USE ILLUSTRATIONS TO UNDERSTAND THE ACTION When you read an illustrated story, it is important to look at the pictures to get an overall sense of what is going to happen. If you can figure out the gist of the story from looking at the illustrations, you can focus more closely on the details when you read. (NOTE: You can also look at p. 209 of your text for the complete list of illustrations.) Look at the pictures and see if you can figure out:

Qui est l'homme mystérieux en bleu? _____

_____

Qui est Caroline? _____

_____

After you read, revise your predictions, if necessary.

What You Need To Know

Le mystérieux homme en bleu is an illustrated detective story. Both graphic novels and detective fiction have a long history in francophone literature.

In 1817, in Paris, François-Eugène Vidocq established the first detective bureau. His memoirs, published in 1828, serve as the first unofficial detective story and influenced other writers: In France, Balzac and Victor Hugo (Hugo is said to have modeled Jean Valjean on Vidocq); and in the U.S., Edgar Allan Poe. Some of the writers who wrote in a similar vein include Emile Gaboriau (1832–1873), one of the earliest French writers of detective fiction; Georges Simenon (1903–1989), the Belgian creator of Jules Maigret; and of course, the British writer Agatha Christie (1891–1976), who created the detective Hercule Poirot.

The first graphic novels were published in the U.S.: *The Adventures of Obadiah Oldbuck* in 1842 by Rodolphe Toffler, followed in 1895 by *The Yellow Kid,* the first merchandised comic strip. As a form, though, graphic novels had more early success in Europe, particularly in France and Belgium, with the publication of *Tintin in the Land of the Soviets,* created by Belgian artist Hergé, and then followed by others such as *Astérix the Gaul,* written by Goscinny.

▌▌À MARQUER ⟩ GRAMMAIRE

In this unit, you've learned to use the future tense. Read the boxed section of text and underline the examples of the future tense.

READING TIP You've learned many vocabulary words pertaining to travel and the airport. In the boxed section of the text, circle those words as you come across them.

NOTES

Le mystérieux homme en bleu

Première Partie

Caroline a fait ses valises. Puis elle a pris son passeport et son billet d'avion et elle a appelé un taxi pour aller à Mirabel, l'aéroport

5

international de Montréal. Dans le taxi, Caroline pense au voyage qu'elle va faire.

10 C'est la première fois qu'elle va en France. Elle passera trois semaines là-bas, avec l'argent qu'elle a économisé pendant l'année. Elle espère faire un excellent voyage. Ce sera peut-être un voyage plein d'aventures

15 extraordinaires. Qui sait?

Caroline est arrivée à l'aéroport une heure avant le départ de l'avion Montréal-Paris. Elle est allée au comptoir d'Air Canada où elle a présenté son billet et son passeport et

20 elle a enregistré ses bagages.

Puis, elle est allée dans la salle d'embarquement. Là, elle a immédiatement remarqué un mystérieux homme vêtu de bleu[1]: pantalon bleu, pull bleu, blouson bleu,

25 casquette bleue et lunettes de soleil. «Quel homme étrange!» a pensé Caroline.

[1] qui portait des vêtements bleus

Bientôt on a annoncé le départ pour Paris. Caroline et les autres passagers sont montés dans l'avion. L'homme en bleu aussi.

30 Caroline est allée à sa place. Le mystérieux homme en bleu est venu s'asseoir derrière elle. Pendant le voyage, Caroline a regardé quelques magazines, puis elle a dîné et elle a vu le film. Après le film, elle a dormi 35 un peu. Quand elle s'est réveillée, Caroline a regardé derrière elle. L'homme en bleu n'était plus là… il avait changé de place.

Finalement, après six heures de vol, l'avion est arrivé à Roissy, l'aéroport de Paris.

40  Caroline a pris son sac à main et elle est sortie de l'avion. Puis elle est allée 45 chercher ses deux valises. Malheureusement, celles-ci sont très lourdes et Caroline n'est pas très forte. Voyant[2] l'**embarras** de Caroline, un grand jeune homme blond avec une mallette de cuir jaune s'est approché d'elle.

50 — Est-ce que je peux vous aider avec vos valises?

— Ah oui, s'il vous plaît.

— Tenez, prenez ma mallette et moi, je vais porter vos valises.

---
[2] *quand il a vu*

MOTS CLÉS
bientôt soon

l'embarras the difficulty

55   Caroline a pris la mallette du jeune homme et le jeune homme a pris les valises de Caroline. Ils sont passés ensemble par la douane, sans problème.

      De l'autre côté de[3] la douane, il y avait
60 l'homme en bleu. Il a regardé longuement Caroline, puis il a disparu. «Ce type[4] est vraiment bizarre,» a pensé Caroline.

Caroline et son
65 compagnon sont sortis de l'aéroport. Une femme très élégante, dans une petite voiture de sport rouge, attendait le jeune homme. Elle avait l'air un peu irritée de voir Caroline. Le jeune homme
70 **a posé** les valises de Caroline par terre[5] et il a appelé un taxi pour elle. Caroline a remercié le jeune homme et elle lui a demandé un petit service.

      — J'ai promis à mes amies de leur
75 envoyer des photos de moi à Paris. Voici mon appareil. Est-ce que vous pouvez prendre une ou deux photos?

      — Mais, bien sûr! Avec plaisir!

      Caroline s'est mise[6] à côté de la voiture
80 de sport et le jeune homme a pris plusieurs photos.

      — Merci beaucoup.

      — Bon séjour en France!

---

[3] *après*
[5] *sur le trottoir* (sidewalk)
[4] *cette personne*
[6] *est allée se placer*

MOTS CLÉS
poser put

85 Le jeune homme est monté dans la voiture de sport qui est partie très vite. Caroline est montée dans le taxi et elle est allée directement à son hôtel.

Deuxième Partie

90 À l'hôtel, Caroline a défait ses valises. Elle a changé de vêtements et elle est sortie. Elle est allée d'abord dans 95 un café où elle a commandé un café et des croissants. Quelques minutes après, l'homme en bleu est, lui aussi, entré dans le café.

«Encore lui[7]! Mais qu'est-ce qu'il fait ici?» a pensé Caroline. Elle a fini son café 100 et ses croissants, et elle est sortie du café **en vitesse.**

Caroline est allée au jardin du Luxembourg où elle a fait une promenade. Derrière, il y avait l'homme en bleu. Elle a pris 105 un taxi et elle est allée au musée du Louvre. L'homme en bleu est sorti d'un autre taxi et il est entré au Louvre.

«Zut, zut et zut! Pourquoi est-ce que ce type me suit partout?» Caroline est sortie 110 du musée et elle a pris un bus pour aller aux Champs-Elysées. Elle a regardé derrière elle. Cette fois-ci, l'homme en bleu ne la suivait

---

[7] *toujours la même personne*

pas. «Je l'ai finalement perdu… Je suis sauvée!» a-t-elle pensé.

115 À sept heures, Caroline a décidé de dîner sur un bateau-mouche. Quelle façon magnifique de passer une première soirée à Paris!
120 Finalement, à onze heures, elle est rentrée à son hôtel. Pas de trace de l'homme en bleu!

Quand Caroline a ouvert la porte de sa chambre, elle a tout de suite[8] vu que celle-
125 ci[9] était dans le désordre le plus complet. Et debout[10], au milieu de la chambre, était l'homme en bleu accompagné de deux hommes en imperméable beige.

«Qu'est-ce que vous faites dans ma
130 chambre? a crié Caroline. Si vous ne sortez pas immédiatement, j'appellerai la police.»

«Mais, mademoiselle, a répondu l'homme en bleu, nous sommes de la police.» Et il a montré sa carte de police à Caroline.

135 — Qu'est-ce que vous voulez?

— Nous voulons savoir où est la mallette.

— Quelle mallette?

— La mallette de cuir jaune que votre complice vous a donnée.

140 — Je ne comprends pas. De quel complice parlez-vous?

---

[8] *immédiatement* [9] the latter [10] standing

— Allons, mademoiselle, ne faites pas l'innocente[11].

— Mais je suis innocente!

145 — Alors, qui est ce jeune homme blond qui est sorti de l'aéroport avec vous ce matin?

— Mais, je ne sais pas! Je ne le connais pas!

150 L'homme en bleu a compris que Caroline disait la vérité. Alors, il a expliqué:

«Je suis 155 l'inspecteur de police Louis Legrand.

Il y a un mois, des documents secrets très importants ont été volés au Ministère des Transports. Ces documents concernent la 160 construction de la station spatiale franco-canadienne. La semaine dernière, un de nos agents a signalé la présence à Montréal du chef de la bande responsable de ce vol. Cette personne, c'est le jeune homme blond avec 165 qui vous étiez ce matin. Samedi dernier, je suis allé à Montréal pour prendre contact avec notre agent. Grâce aux renseignements[12], j'ai pu retrouver la trace du jeune homme en question. Je l'ai suivi quand il a pris l'avion 170 Montréal-Paris.

«À Roissy, il vous a donné la mallette dans laquelle sont les documents. J'ai pensé

---

[11] don't act innocent   [12] *avec l'information qu'il m'a donnée*

que vous étiez sa complice. En réalité, il a
profité de vous pour passer la mallette par
175 la douane sans problème. Je vous ai suivie
parce que je pensais que vous aviez toujours
la mallette. J'ai fait erreur et je m'excuse.
Évidemment, le problème pour nous, c'est que
nous avons perdu la trace de ce dangereux
180 bandit et de la mallette.»

«Je crois que je peux vous aider,» a
répondu Caroline.

— Mais comment?

— Attendez demain, et donnez-moi
185 votre adresse.

L'inspecteur Legrand a donné sa carte à
Caroline et il a quitté l'hôtel, accompagné de
ses deux assistants.

Troisième Partie

Le lendemain
190 à deux heures
de l'après-midi,
Caroline est allée
voir l'inspecteur
Legrand au quartier général de la police.

200 — Bonjour, Inspecteur, j'ai une très
bonne nouvelle pour vous.

— Ah bon? Quoi?

— Vous allez pouvoir retrouver la trace
de vos voleurs de documents.

205 — Vraiment? Comment?

Caroline a ouvert son sac d'où elle a **tiré**
les photos prises hier à l'aéroport.

MOTS CLÉS
tirer to pull out

— Regardez bien ces deux photos. Je les ai fait développer ce matin.

210   — Mais ce sont des photos de vous!

— Oui, bien sûr, mais regardez de plus près la voiture de sport rouge.

— Je vois bien. C'est une Alfa-Roméo.

— C'est aussi la voiture qu'ont prise

215 le jeune homme et sa véritable[13] complice à l'aéroport. Prenez votre loupe. Vous pourrez lire très nettement son numéro d'immatriculation.

L'inspecteur

220 Legrand a pris sa loupe.

— Vous avez raison, mademoiselle. Je vais alerter immédiatement tous les postes de

225 gendarmerie pour qu'on retrouve cette voiture et ses occupants.

Une semaine après, la police a arrêté le chef de bande et sa complice et les documents secrets ont été récupérés.

230 L'histoire de Caroline a été publiée en première page de tous les journaux. Caroline a donné plusieurs interviews à la radio et à la télévision. Un studio de cinéma lui a proposé un rôle dans un prochain film et une maison

235 d'édition a pris contact avec elle pour publier le récit[14] de ses aventures.

---

[13] réelle   [14] l'histoire

À réfléchir...

1. Put the following events in chronological order: **(Differentiate Sequence)**

_____ Caroline visits the Louvre.

_____ Caroline finds the man in blue in her hotel room.

_____ Caroline sees the man in blue for the first time.

_____ Caroline lands in Paris.

_____ Caroline sees the man in blue at a café.

2. Do you think the fact that the man in blue sat behind Caroline on the plane was on purpose or accidental? Why? **(Draw Conclusions)**

_____

_____

_____

_____

CHALLENGE What are the first things that arouse Caroline's suspicions about the man in blue? Would you have been suspicious too? **(Analyze)**

_____

_____

_____

Vocabulaire de la lecture

Mots clés

bientôt *soon*
l'embarras *the difficulty*
poser *put*
en vitesse *quickly*
tirer *to pull out*

un passeport *passport*
un billet d'avion *plane ticket*
une valise *suitcase*
faire un voyage *to take a trip*

A. Écrivez le mot clé dont le sens est le plus proche du contraire du mot ou de l'expression donné.

1. lentement _____

2. plus tard _____

3. rester chez soi _____

4. mettre dans la poche _____

B. Complétez chaque phrase par le mot clé qui convient le mieux.

1. Pour montrer son identité quand on voyage, il faut un _____.

2. Il a _____ sa valise sur le comptoir.

3. Quand on voyage, _____ c'est de s'occuper des valises.

4. Il a mis tous ses vêtements dans sa _____.

Tu as compris?

1. À quelle occasion est-ce que Caroline a rencontré l'homme en bleu pour la première fois?

   _____

2. À l'arrivée à Roissy, que fait le jeune homme blond pour aider Caroline? Qu'est-ce qu'elle fait en échange?

   _____

3. Où est-ce que Caroline a revu l'homme après être sortie de l'hôtel? Où est-ce qu'elle l'a perdu?

   _____

   _____

4. Quelle surprise Caroline a-t-elle eue quand elle est rentrée chez elle?

   _____

5. Qu'est-ce que Caroline a apporté le lendemain à la police? Pourquoi?

   _____

   _____

Connexion personnelle

Avez-vous jamais eu une aventure à l'étranger? Comment s'était passé votre premier voyage en avion? Si vous n'avez jamais voyagé à l'étranger, décrivez un voyage que vous espérez faire, ou un voyage que vous avez fait aux États-Unis.

Utilisez le cahier à droite pour décrire votre aventure.

Mon aventure...

_____

_____

_____

_____

_____

_____

_____

_____

_____

_____

Avant de lire *Une étrange aventure*

Reading Strategy

UNDERSTAND CAUSE AND EFFECT Two events are related as cause and effect if one brings about, or causes, the other. The event that happens first is the cause; the one that follows is the effect. Sometimes, the first event may cause more than one thing to happen. Complete the following chart with cause-and-effect relationships from *Une étrange aventure*.

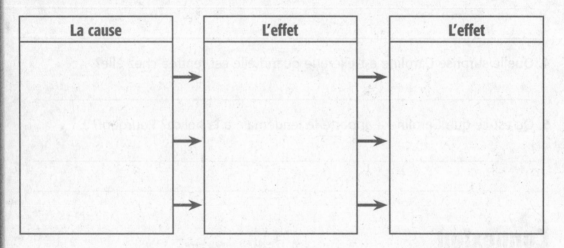

La cause	L'effet	L'effet

What You Need To Know

During World War II, from 1940–1944, France was occupied by the German army. In response to the occupation and to the formation of the Nazi-approved Vichy government in France, the French Resistance movement was born. Various groups of ordinary citizens formed throughout France in an effort to help defeat the Nazis, and though the ideologies of the many groups differed, they often focused on similar tactics: sabotage, collecting information to share with the Allies, and providing refuge and aid to Allied airmen. These groups came to be known collectively as **La Résistance.**

Une étrange aventure

John et Bob, deux étudiants américains, sont arrivés à Paris à la fin de juin. Là, ils ont acheté un scooter **d'occasion** avec l'intention de visiter la France pendant l'été. Ils sont
5 partis de Paris le premier juillet dans la matinée[1]. Ils espèrent être à Clermont-Ferrand dans la soirée. Ils ont un copain là-bas qui les a invités.

Hélas, John et Bob ne savent pas que
10 le premier juillet, c'est le jour des grands départs.* Il y a beaucoup de **circulation** sur les autoroutes[2] et même sur les routes nationales. Alors, John et Bob décident de prendre des petites routes. Là, il y a moins de circulation,
15 mais le scooter n'avance pas vite.

Il est neuf heures du soir maintenant. La nuit commence à tomber et les deux garçons sont encore loin de leur destination. C'est John qui conduit[3] le scooter. Il demande à Bob: «Tu
20 sais où nous sommes?»

---

[1] *le matin*   [2] superhighways   [3] drive

* Le jour des grands départs: Le jour où des millions de Français partent en vacances.

À MARQUER **GRAMMAIRE**
Note the different verb tenses as you read: present, **passé composé,** imperfect, future, **passé simple.** Make note of them as you read and highlight each in a different color.

READER'S SUCCESS STRATEGY   Make predictions as you read. After each section, stop and predict what might happen next.

NOTES

MOTS CLÉS
d'occasion second-hand, used   **la circulation** traffic

What elements of the
story set up the reader to
expect something out of the
ordinary? **(Analyze)**

_____

_____

_____

_____

_____

2. Mark an X next to the
elements of the story that
seem unbelievable. **(Clarify)**

☐ John and Bob are invited
into the home of a
French farmer and his
wife.

☐ The farmer and his wife
seem old-fashioned.

☐ The farmer gives John
and Bob a candle when
he shows them to their
room.

☐ The next morning, the
farmer and his wife are
nowhere to be seen.

☐ When John and Bob
return to the farm after
their visit to Clermont-
Ferrand, the farm is no
longer there.

READING TIP Remember that
in French, dashes are used to
indicate dialogue. Each new
dash indicates a new speaker.

Bob regarde la carte.

— Non, pas exactement. Dis, est-ce que
tu as encore de **l'essence**?

— Euh non! Pas beaucoup.

25 — Alors, il faut s'arrêter au prochain
village. J'espère qu'il y a une station-service.

— ... Ou un hôtel!

Au prochain village, il y a bien une
station-service, mais elle est fermée... et il n'y
30 a pas d'hôtel. John demande:

— On continue?

— Oui, on continue... on n'a pas le
choix.

Il fait maintenant nuit noire[4]. Pas une
35 voiture sur la route. John aperçoit[5] une toute
petite lumière[6] au loin[7].

— Regarde la lumière là-bas!

— C'est probablement une ferme[8]. Nous
avons de la chance!

40 Les deux garçons arrivent à la ferme. Ils
frappent à la porte. Toc, toc, toc... Une voix
d'homme répond:

— Qui êtes-vous? Et qu'est-ce que vous
voulez?

45 — Nous sommes Américains. Nous
sommes perdus.

— Américains? Attendez! Je vous ouvre.

_____

[4] it is pitch black   [5] notices   [6] light
[7] in the distance   [8] farm

MOTS CLÉS
l'essence   gas

II

La porte de la ferme s'ouvre.

— Entrez vite… La nuit, cette route est
50 très dangereuse, surtout pour vous!

John et Bob entrent dans la ferme. À
l'intérieur, il y a un homme et une femme,
le fermier et la fermière. Ils sont habillés en
noir, comme les **paysans** d'autrefois. C'est la
55 femme qui parle:

— Vous avez certainement faim. Hélas,
nous n'avons pas grand-chose[9]. Je vais vous
préparer des pommes de terre avec du lard[10].
Mon mari va vous chercher une bouteille de
60 cidre à la cave.

John et Bob examinent la salle où ils
sont. Les meubles sont rustiques et très
anciens. Dans la cheminée, il y a un feu et sur
la table il y a des chandelles.

65 L'homme revient avec la bouteille de
cidre. La femme apporte[11] le plat de pommes de
terre. John et Bob mangent avec grand appétit.

---

[9] *beaucoup*   [10] salt pork   [11] brings

MOTS CLÉS
un paysan peasant, farmer

— Merci, c'est délicieux!

L'homme parle: «Pourquoi merci? Nous
70 sommes tellement heureux de vous recevoir!
Mais vous êtes probablement très fatigués …
Je vais vous montrer votre chambre.»

L'homme prend une chandelle et
accompagne les deux garçons jusqu'à leur
75 chambre.

— Excusez-nous, mais nous n'avons
plus d'électricité. Je vous laisse la chandelle…
Bonne nuit!

Puis l'homme descend les escaliers.

80 Bob dit à John:

— C'est rustique ici!

— Oui, c'est vraiment la campagne.
Nous avons de la chance d'avoir trouvé cette
ferme.

85 — Ces gens sont pauvres, mais ils sont
vraiment généreux!

Quand Bob et John se réveillent le
lendemain[12], il fait grand jour[13].

— Quel jour sommes-nous?

90 — Nous sommes le deux juillet!

— Au fait, tu as entendu les voitures qui
se sont arrêtées devant la ferme pendant la
nuit?

— Oh là là, oui! Quel **bruit!**

95 — Qu'est-ce que disaient les passagers?

---

[12] *le jour suivant*   [13] the sun is up and shining

MOTS CLÉS
un bruit noise

— Je ne sais pas. Ils ne parlaient pas français. Je n'ai pas compris. Mais vraiment ils avaient l'air furieux!

— Je me demande bien qui c'était.

100 — Dis, il faut partir maintenant.

— C'est vrai! Il est dix heures déjà!

Bob et John descendent dans la salle où ils étaient hier. Mais il n'y a personne.

— Où sont nos hôtes?

105 — Je ne sais pas. Appelons-les.

— Monsieur? Madame?

Silence. Ils crient plus fort[14]: «Monsieur! Madame!» Personne ne répond.

— Ils sont peut-être partis travailler
110 dans les **champs.**

Bob et John sortent de la ferme, mais il n'y a personne dans les champs.

— Qu'est-ce qu'on fait?

— Il faut partir. On va laisser un mot[15]
115 sur la table et quand on reviendra à la fin de juillet, on s'arrêtera pour remercier[16] ces gens de leur hospitalité.

— Bonne idée!

Bob et John sont partis vers onze
120 heures. Ils ont trouvé une station d'essence au prochain village et ils ont continué leur route…

[14] loudly　　　　[15] *une note*　　　　[16] *dire merci*

MOTS CLÉS
un champ field

Pendant quatre semaines ils ont **parcouru** la France en scooter. C'est maintenant la fin des vacances et le retour
125 vers Paris. Bob et John pensent à leur aventure du premier juillet… Ils ont acheté des **cadeaux** pour leurs hôtes: une bouteille de cognac pour le fermier et un joli vase de cristal pour sa femme.

130 John regarde la carte. Dans dix minutes, ils seront à la ferme. Ils pourront finalement remercier leurs hôtes de leur hospitalité …

— Je reconnais bien la route maintenant.

— Moi, aussi.

135 — Regarde les grands arbres là-bas. La ferme est juste **en face**.

Le scooter s'est arrêté devant les grands arbres, mais il n'y a pas de ferme.

— Tu es sûr que c'est ici?

140 — Absolument certain!

À la place de la ferme, il y a une haie d'arbustes et devant cette haie, une stèle avec une inscription.

— Dis, Bob, va voir ce qui est écrit.

145 Bob descend du scooter et va regarder l'inscription. Il revient vite, très, très pâle.

— Mon Dieu, c'est impossible!

— Qu'est-ce qu'il y a?

— Va voir toi-même!

MOTS CLÉS
parcourir to travel across
un cadeau gift, present

en face opposite

une haie d'arbustes

une stèle

150 John descend à son tour du scooter. Il lit l'inscription suivante:

155

160

ICI REPOSENT
EUGÉNIE ET MARCEL
DUVILLARD
HÉROS DE LA RÉSISTANCE
FUSILLÉS[17] PAR LES NAZIS
LE DEUX JUILLET 1944
POUR AVOIR HÉBERGÉ[18] DES
PARACHUTISTES AMÉRICAINS

À L'EMPLACEMENT[19] DE
CETTE STÈLE
S'ÉLEVAIT[20] LEUR FERME
QUI FUT INCENDIÉE[21]
LE LENDEMAIN.
PASSANTS[22], PRIEZ[23] POUR EUX!

[17] shot and killed
[18] for having sheltered
[19] *endroit*
[20] stood
[21] burned to the ground
[22] *vous qui passez par ici*
[23] to pray

Vocabulaire de la lecture

Mots clés

d'occasion   *second-hand, used*
la circulation   *traffic*
l'essence   *gas*
un paysan   *peasant, farmer*
un bruit   *noise*
un champ   *field*

parcourir   *to travel across*
un cadeau   *gift, present*
en face   *opposite*

A. Complétez chaque phrase par le mot clé qui convient le mieux.

1. L'église est _____ du cimetière.

2. Ils ne veulent pas payer cher leurs vêtements, donc ils achètent

des vêtements _____.

3. Il a eu peur parce qu'il avait entendu _____ dans le grenier.

4. Ils ont passé trois semaines à _____ la France.

B. Choisissez la meilleure définition pour chaque mot.

_____ **1.** l'essence

_____ **2.** un paysan

_____ **3.** un champ

_____ **4.** un cadeau

a. celui qui habite à la campagne

b. ce qu'on met dans la voiture pour la faire marcher

c. ce qu'on donne à quelqu'un à Noël

d. là où on fait pousser des graines, par exemple

Tu as compris?

1. Pourquoi est-ce que John et Bob décident de prendre des petites routes?

_____

_____

_____

2. Que font les deux garçons quand ils ne trouvent pas d'hôtel?

_____

3. Quelle est l'attitude du fermier et sa femme envers *(toward)* les deux Américains?

_____

4. À la fin des vacances, pourquoi est-ce que John et Bob veulent retourner à la ferme?

_____

5. Quelle surprise les attend?

_____

_____

Connexion personnelle

Croyez-vous aux fantômes ou non? Exprimez votre opinion sur le cahier à droite.

À mon avis...

Avant de lire *En voyage*

Reading Strategy

KEEP TRACK OF CHARACTERS In the following chart, make a list of the characters in the story that the doctor tells. Jot down words to describe each one's personality.

Personnages	Descriptions

What You Need To Know

En voyage is a story within a story. A doctor is traveling on a train. Everyone else in his compartment has been telling stories about train adventures involving themselves. Now, it's the doctor's turn to tell his story. Instead of telling one that involves himself, he tells a love story.

À propos de l'auteur

Guy de Maupassant (1850-1893) a écrit des romans et des pièces de théâtre, mais il est surtout célèbre pour les centaines de contes et nouvelles qu'il a publiés. Maupassant utilise un style clair, objectif et impersonnel. Il décrit avec précision les faits, laissant au lecteur le souci *(problem)* de découvrir les sentiments qui animent les personnages de ses contes.

~~~~~~~~~~

En voyage

1

Le médecin commença ainsi son histoire:

«Moi, je n'ai
5 pas d'aventure extraordinaire à vous raconter. Je vais seulement vous parler d'une jeune
10 femme que j'ai connue, une de mes clientes, à qui il arriva la chose la plus singulière[1] du monde, et aussi la plus mystérieuse et la plus attendrissante[2].

15 C'était une Russe, la comtesse Marie Baranow, une très grande dame, d'une exquise

---

[1] *étrange*   [2] touching

READER'S SUCCESS STRATEGY   Maupassant gives us a lot of physical descriptions to show how his characters are feeling. Use a chart like the one below to list some of those actions and then write what emotion or feeling the author is illustrating.

L'action	Le sentiment

beauté. Vous savez comme les Russes peuvent être belles, avec leur nez fin, leur bouche délicate, leurs yeux d'une indéfinissable
20 couleur, d'un bleu gris, et leur charme à la fois[3] tendre et sévère, que les Français trouvent tellement séduisant.

La comtesse Marie souffrait depuis plusieurs années de tuberculose. Pour la
25 soigner, son médecin, qui la savait très malade, voulait l'envoyer dans le sud de la France, mais elle refusait obstinément de quitter Saint Pétersbourg. Finalement, l'automne dernier, le docteur, réalisant la
30 gravité de l'état[4] de sa patiente, parla à son mari qui ordonna à sa femme de partir pour Menton.

Résignée, elle prit le train. Elle était seule dans son wagon, ses gens de service[5]
35 occupant un autre compartiment. Elle restait contre la portière, un peu triste, regardant passer les campagnes et les villages de la Russie. Elle se sentait bien isolée dans la vie, sans enfants, sans parents et avec un mari qui
40 ne l'aimait plus et qui avait décidé de l'exiler à des milliers de kilomètres de son pays.

À chaque station, son serviteur Ivan venait voir si elle avait besoin de quelque chose. C'était un vieux domestique,
45 totalement dévoué, à qui elle pouvait demander **n'importe quoi.**

---

[3] at the same time   [4] *la condition*   [5] *ses domestiques*

MOTS CLÉS
n'importe quoi   anything

2

La nuit commençait à tomber. Le train allait maintenant très vite. Très énervée[6], la comtesse ne pouvait pas dormir. Elle eut
50 alors l'idée de compter l'argent que son mari lui avait donné avant son départ. Elle ouvrit son sac, en vida le contenu sur ses genoux et commença à compter les pièces d'or.

Tout d'un coup, la comtesse Marie sentit
55 un vent froid sur son visage. Elle leva la tête et elle vit un homme qui venait d'entrer dans son wagon. Il était grand, bien habillé, et il était blessé à la main. Il referma la porte, s'assit en face de la comtesse et la regarda
60 de ses grands yeux noirs. Puis, il prit un mouchoir dans sa poche et en enveloppa[7] son poignet pour arrêter le sang qui **coulait.**

La jeune femme eut très peur. Cet homme certainement l'avait vue compter
65 son or. Il était venu pour la voler, ou, pire encore, pour la tuer. Il la regardait fixement, essoufflé[8], le visage convulsé, prêt, sans doute, à l'attaquer.

Il dit brusquement:

70 — Madame, n'ayez pas peur.

Elle ne répondit rien, incapable d'ouvrir la bouche. Son coeur battait et ses oreilles bourdonnaient[9].

---

[6] *nerveuse*   [7] wrapped
[8] out of breath   [9] were buzzing

Review the forms and uses of the **passé simple** (literary past) and the imperfect. Then read the boxed text, underlining all the verbs in the **passé simple** and circling all the verbs in the imperfect.

NOTES

MOTS CLÉS
couler to flow

L'homme continua:

75 — Je ne suis pas un malfaiteur[10], madame.

Elle ne disait toujours rien, mais ses genoux tremblaient tellement que tout l'or tomba sur le sol du wagon.

Surpris, l'homme regarda ce flot[11] de
80 métal, puis il se baissa[12] pour **ramasser** les pièces.

Prise de panique, la comtesse se leva. Elle courut vers la portière pour sauter du train. L'homme comprit ce qu'elle voulait
85 faire. Il l'attrapa, la saisit dans ses bras, et l'obligea à s'asseoir.

— Écoutez-moi, madame, dit-il. Je ne suis pas un malfaiteur. La preuve c'est que je vais ramasser cet argent et vous le rendre. Je
90 suis moi-même en grand danger. Si vous ne m'aidez pas à passer la frontière[13], je suis un homme mort. Dans une heure, nous serons à la dernière station russe. Dans une heure dix, nous serons dans un autre pays. Si vous ne me
95 secourez[14] pas, je suis condamné. Je ne peux pas vous expliquer pourquoi, mais croyez-moi. Je n'ai pas tué. Je n'ai pas volé, et je n'ai rien fait de mal. Je vous jure[15] que je suis un homme d'honneur, mais je ne peux pas vous
100 en dire plus.

L'homme se mit à genoux[16]. Comme il l'avait dit, il ramassa toutes les pièces d'or[17], et

---

[10] *criminel*	[11] stream, cascade	[12] stooped, bent down
[13] border	[14] *aidez*	[15] swear
[16] knees	[17] gold coins	

MOTS CLÉS
ramasser   to pick up

en remplit le sac qu'il donna à la comtesse.
Puis il alla s'asseoir à l'autre coin du wagon.

105   La comtesse Marie ne bougeait[18] pas.
Immobile et muette, elle retrouva peu à peu
son calme. L'homme ne faisait pas un geste
pas un mouvement. Il restait droit[19], les yeux
fixés devant lui. De temps en temps, elle le
110 regardait rapidement. C'était un homme de
trente ans environ[20]. Il était très beau, avec
l'apparence d'un gentilhomme.

        Le train continuait à rouler[21] très vite
dans la nuit. Puis, il siffla plusieurs fois,
115 **ralentit** et finalement s'arrêta.

3

        Ivan, le vieux serviteur, parut à la
portière du wagon pour prendre
les ordres de la comtesse. Celle-ci regarda
son étrange compagnon, puis elle dit à son
120 serviteur d'une voix brusque:

---

[18] *changeait de position*   [19] sitting upright
[20] *approximativement*   [21] to roll (along); to travel

MOTS CLÉS

ralentir   to slow down

— Ivan, je n'ai plus besoin de toi. Tu vas retourner à Saint Pétersbourg.

Le serviteur, très surpris, ouvrit des yeux énormes. Tremblant d'émotion, il put **à**
125 **peine** dire:

— Mais, madame... Je pensais que...

D'un ton très assuré, la comtesse répondit:

— J'ai **changé d'avis.** Tu ne viendras pas avec moi à Menton. Je veux que tu restes
130 en Russie... Tiens, prends cet argent pour payer ton billet de retour. Et donne-moi ton manteau, ta casquette et ton passeport.

Ivan enleva[22] sa casquette et son manteau qu'il lui donna, sans comprendre,
135 à la comtesse. Il lui tendit[23] son passeport et, puis, les larmes[24] aux yeux, descendit du train.

Le train repartit vers la frontière. Alors, la comtesse dit à son voisin:

— Mettez ce manteau et cette casquette.
140 Vous êtes maintenant Ivan, mon serviteur. Je mets une seule condition à ce que je fais pour vous: vous ne me parlerez jamais. Je ne veux pas que vous me disiez un seul mot, même pour me remercier.

[22] took off   [23] handed, gave   [24] tears

MOTS CLÉS
à peine hardly, scarcely

changer d'avis to change one's mind

Discovering French, Nouveau! Level 3

145   L'inconnu[25] s'inclina[26], sans prononcer un mot. Bientôt le train s'arrêta de nouveau. Des policiers en uniforme entrèrent dans le wagon. Ils regardaient partout comme s'ils cherchaient quelqu'un. La comtesse leur dit

150 d'un ton impérieux:

     — Je suis la comtesse Baranow de Saint Pétersbourg, et voici mon domestique Ivan.

     Puis elle tendit les passeports à un officier qui les lui rendit en saluant. Les

155 hommes sortirent du wagon et continuèrent leur ronde d'inspection. Après une heure d'arrêt, le train se remit en route.

     Pendant toute la nuit, l'homme et la femme restèrent en tête-à-tête[27], muets tous les

160 deux. Le matin, le train s'arrêta dans une gare allemande. L'inconnu descendit du wagon. Debout[28], sur le quai, il dit à la comtesse:

     — Pardonnez-moi, madame, de rompre[29] ma promesse, mais à cause de moi, vous avez

165 perdu votre domestique. Il est juste que je le remplace. Avez-vous besoin de quelque chose?

     Elle répondit froidement:

     — Allez chercher ma femme de chambre.

---

[25] stranger   [26] bowed   [27] face-to-face
[28] standing   [29] to break

170 Il y alla, puis il monta dans un autre wagon.

Quand elle descendait à quelque buffet[30] de gare, elle le voyait de loin qui la regardait... Le train arriva finalement à
175 Menton.

4

Le docteur toussa, puis il continua son histoire:

Un jour que je recevais mes clients dans mon cabinet, j'eus la visite d'un grand garçon
180 que je n'avais jamais vu. Il me dit:

— Docteur, je viens vous demander des nouvelles de la comtesse Marie Baranow. Elle ne me connaît pas. Je suis un ami de son mari. C'est lui qui m'envoie.

185 Je répondis:

— La comtesse est très, très malade. Je doute qu'elle rentre un jour en Russie.

À ces mots, cet homme se mit à pleurer comme un enfant. Il se leva et sortit
190 brusquement de mon cabinet.

Ce soir-là, comme d'habitude, je rendis visite à la comtesse dans son hôtel. Je lui dis qu'un étranger était venu m'interroger sur sa santé. Elle parut émue[31] et me raconta toute
195 l'histoire que je viens de vous dire. Puis elle **ajouta:**

— Cet homme que je ne connais pas me suit maintenant comme mon ombre[32].

---

[30] food wagon   [31] moved, touched   [32] shadow

MOTS CLÉS
ajouter to add

Je le rencontre chaque fois que je sors. Il me
200 regarde d'une étrange façon, mais il ne m'a
jamais parlé.

Elle réfléchit, puis ajouta:

— Je parie[33] qu'il est sous mes fenêtres.

Elle quitta sa chaise longue, alla à la
205 fenêtre et me montra, en effet, l'homme qui
était venu dans mon cabinet. Il était assis
sur un banc et regardait dans la direction de
l'hôtel. Quand il nous vit, il se leva et partit
sans se retourner.

210   J'assistai ainsi à une chose surprenante
et **douloureuse,** à l'amour muet de ces deux
êtres qui ne se connaissaient pas.

Il l'aimait passionnément, avec la
reconnaissance[34] et la dévotion d'un animal
215 sauvé de la mort. Chaque jour, il venait me
demander «Comment va-t-elle?», comprenant
que j'avais **deviné** leur amour. Et il pleurait
affreusement quand il apprenait qu'elle était
chaque jour plus faible et plus pâle.

___

[33]bet   [34]*la gratitude*

220 Elle me disait: «Je ne lui ai parlé qu'une seule fois, mais il me semble que je le connais depuis toujours.»

Et quand ils se croisaient[35] dans la rue, elle lui rendait son salut avec un sourire grave 225 et charmant. Je sentais qu'elle était heureuse, elle qui savait qu'elle était perdue. Oui, je la sentais heureuse d'être aimée ainsi, avec ce respect et cette constance, avec cette poésie exagérée, avec cette dévotion totale et absolue. 230 Et pourtant, elle refusait désespérément de le rencontrer, de connaître son nom, de lui parler…

Elle disait: «Non, non, cela me gâterait[36] cette étrange amitié. Il faut que nous restions 235 étrangers l'un à l'autre.»

Lui aussi continua à garder ses distances. Il voulait respecter jusqu'au bout[37] l'absurde promesse de ne jamais lui parler, promesse qu'il avait faite dans le wagon.

240 Souvent, pendant ses longues heures de faiblesse, elle se levait de sa chaise longue et allait à sa fenêtre pour voir s'il était là. Et quand elle l'avait vu, toujours immobile sur son banc, elle revenait se coucher avec un 245 sourire aux lèvres.

Elle est morte un matin vers dix heures. Comme je sortais de l'hôtel, il vint vers moi, le visage **bouleversé**. Il savait déjà la nouvelle.

---

[35] se rencontraient   [36] would spoil   [37] to the end

MOTS CLÉS
bouleversé(e)   overwhelmed

— Je voudrais
250 la voir une seconde
seulement, en votre
présence, dit-il.

Je lui pris le
bras et rentrai dans
255 la maison. Quand il
fut devant le lit de
la morte, il lui prit la
main et l'embrassa d'un
interminable baiser[38]. Puis il se sauva[39] comme
260 un fou. Je ne l'ai jamais revu.

Le docteur toussa de nouveau, et il dit:

— Voilà certainement la plus singulière
aventure de train que je connaisse. Il est vrai
que les hommes sont un peu fous.

265 Une femme dit à mi-voix[40].

— Ces deux êtres-là étaient moins fous
que vous ne croyez… Ils étaient… ils étaient…

Et elle se mit à pleurer, sans terminer sa
phrase. On changea de conversation pour la
270 calmer. Personne n'a su ce qu'elle voulait dire.

---

[38] kiss   [39] *partit*   [40] in a low voice

1. All of the following are true about the countess except: (**Clarify**)

☐ She was headed to the South of France.

☐ She left behind a happy life in St. Petersburg.

☐ She was rich.

☐ She was happy to learn that the man in the train loved her.

2. In your opinion, was the man in the train crazy to keep his promise? Why or why not? (**State an Opinion**)

_____

_____

_____

CHALLENGE Why do you think the woman in the train cried when she heard the doctor's story? (**Draw Conclusions**)

_____

_____

_____

_____

_____

Vocabulaire de la lecture

Mots clés

n'importe quoi *anything*

couler *to flow*

ramasser *to pick up*

ralentir *to slow down*

à peine *hardly, scarcely*

changer d'avis *to change one's mind*

ajouter *to add*

douloureux(-euse) *painful*

un être *human being*

deviner *to guess*

bouleversé(e) *overwhelmed*

un médecin *doctor*

malade *sick*

A. Complétez chaque phrase par le mot clé qui convient le mieux.

1. Il a _____ un peu de sel à sa nourriture.

2. Les _____ humains sont très compliqués, en général!

3. Il a été _____ par les mauvaises nouvelles.

4. Il la connaissait _____... il l'avait vue une seule fois.

5. Il n'est pas timide... il ferait _____ pour être remarqué.

B. Écrivez le mot clé dont le sens est le plus proche du contraire du mot ou de l'expression donné.

1. s'arrêter _____

2. être ferme _____

3. en bonne santé _____

4. accélérer _____

5. laisser tomber _____

Tu as compris?

1. Quelle était la maladie de la comtesse?

_____

2. Qu'est-ce que la femme faisait quand l'homme est entré dans le wagon?

_____

3. Quel service est-ce que l'homme a demandé à la comtesse?

_____

4. Comment est-ce que l'inconnu échappe *(escapes)* au contrôle de police?

_____

5. Quelle promesse est-ce que la comtesse exige de l'inconnu?

_____

Connexion personnelle

Quelle a été votre réaction à l'histoire *En voyage?* Écrivez un petit paragraphe sur votre réaction. Qu'est-ce que vous vous sentiez à la fin? Qu'est-ce que vous avez appris? Écrivez vos idées dans le cahier à droite.

En voyage

Avant de lire   *Les pêches*

Reading Strategy
SET THE STORY IN CONTEXT In order to fully comprehend a story, it is necessary to place it in its historical context. In the space below, make a list of details that suggest the historical setting for this story—more than one hundred years ago.

_____

_____

_____

_____

_____

What You Need To Know
The story takes places during the **Belle Époque**—approximately one hundred years ago, when life was very different. During the **Belle Époque,** wealthy people frequently organized formal parties that were the highlight of the social scene. Social standing depended on being invited to such parties.

Because transportation was very limited, fresh fruit was not readily available and was considered a luxury item.

À propos de l'auteur

Comme beaucoup d'écrivains français, André Theuriet (1833–1907) s'est exprimé dans des genres littéraires différentes: le roman, le conte, la poésie, le théâtre. Dans ses contes, Theuriet décrit la société de son époque. Pour son oeuvre, il a été élu membre de l'Académie française.

~~~~~~

LES PÊCHES

1

C'est au cours d'[1]un dîner organisé par les **anciens élèves** du lycée de province où j'avais fait mes études que j'ai revu mon copain d'enfance Vital Herbelot. C'est lui

5   qui est venu me saluer[2] après le café. À vrai dire[3], je ne l'avais pas reconnu. Vêtu d'[4]un costume de velours côtelé[5] et d'une chemise à carreaux[6], les cheveux en brosse et le visage bronzé, il respirait[7] la santé et la bonne

10   humeur.

---

[1] during, in the course of   [2] greet   [3] to tell the truth
[4] dressed in   [5] corduroy   [6] plaid
[7] était l'expression de

MOTS CLÉS
une pêche peach   **un ancien élève** alumnus

In this unit, you've learned to use the **plus-que-parfait**. Read the first section of the text and underline all the examples of the **plus-que-parfait** that you come across. Note how the tense is used—to refer to previous past action.

READING TIP Before you read the story, look at the **Tu as compris?** questions. Look for the answers as you read; it will keep you focused on and engaged with the reading.

READER'S SUCCESS STRATEGY For a long reading, summarize as you go along. This story is broken into sections. As you read, stop after each section and give a brief title for that section. Use a chart like the one below.

Première Partie:

_____

_____

Deuxième Partie:

_____

_____

Troisième partie:

_____

_____

Quatrième partie:

_____

_____

Cinquième partie:

_____

Certes, ce n'était pas le grand garçon élégant, distingué, mais un peu timide, que j'avais connu vingt-cinq ans avant. Élève très doué[8], il était promis à l'avenir le plus brillant. Après
15 le bac, il avait tout de suite trouvé un poste dans la plus grande banque de la ville.

Un peu surpris de le revoir, je lui ai demandé:

— Alors, tu es[9] toujours dans la banque?

20 — Oh non, il y a bien longtemps que je l'ai quittée… J'habite à la campagne maintenant…
Je suis **cultivateur!**

— Cultivateur, toi?! Mais je croyais que
25 tu t'intéressais à la finance.

— C'est vrai… Et si j'avais continué, j'aurais certainement fait une «brillante carrière», comme on dit… Aujourd'hui je serais peut-être le président d'une grande
30 banque nationale ou internationale… Qui sait? Mais tu vois, il m'est arrivé quelque chose[10], il y a vingt ans de cela.

— Quoi? Qu'est-ce qui t'est arrivé?

— Oh, une histoire de pêches… mais
35 une histoire qui a changé mon existence. Pour le meilleur!

— Tu as dit «une histoire de pêches»?

— Oui, une absurde histoire de pêches.
Voulant satisfaire ma curiosité évidente,

---

[8] gifted   [9] tu travailles
[10] something happened to me

MOTS CLÉS
un cultivateur farmer

40 Vital Herbelot a commencé à me raconter son histoire.

Tu sais que j'étais fils et petit-fils d'employés relativement modestes[11]. C'est ma mère qui a insisté pour que je fasse des études 45 et que j'obtienne mon bac. Tu te souviens, sans doute, que j'aimais les études et que j'ai obtenu mon bac avec mention[12]. Aussi, je n'ai pas eu de difficulté à trouver du travail.

Après le bac, j'ai été immédiatement 50 **embauché** dans une grande banque d'affaires[13]. Tous mes camarades de classe convoitaient[14] le poste que je venais d'obtenir. Rappelle-toi comme vous étiez tous un peu jaloux de moi! Comme j'étais très travailleur 55 et très discipliné et que je réussissais bien dans les affaires que je traitais, j'ai vite obtenu plusieurs promotions, et avec celles-ci des augmentations de salaire importantes.

Au bout de[15] trois ans, j'étais devenu 60 l'un des adjoints[16] principaux du patron de la banque. Je t'assure que je gagnais bien ma vie, mais en contrepartie[17], je devais sacrifier tout mon temps aux affaires de la banque. C'est à ce moment-là que je me suis marié avec une 65 jeune fille qui avait toutes les qualités et qui, de plus, était très jolie.

---

[11] *assez pauvres* [12] with honors [13] investment bank
[14] *désiraient secrètement* [15] after, at the end of [16] assistants
[17] in exchange

MOTS CLÉS
embaucher to hire

2

Mon patron était un homme très riche et très mondain[18]. De temps en temps il organisait de grandes réceptions où il invitait
70 tous les notables[19] de la ville et quelques-uns de ses employés supérieurs[20]. Il y avait généralement un repas suivi d'un bal.

Peu de temps après mon mariage, j'ai reçu ma première invitation à l'une de ces
75 réceptions. Malheureusement, quelques jours avant l'événement, ma femme est tombée malade. Je pensais envoyer mes excuses, mais ma femme a insisté pour que j'aille à cette réception.

80 — Ton patron est un homme généreux, mais très autoritaire. S'il ne te voyait pas à la première réception à laquelle il t'invite, il serait certainement très vexé, et cela nuirait[21] à ta carrière.

85 Bien sûr, j'aurais préféré rester avec ma femme, mais, convaincu par ses arguments, j'ai finalement accepté l'invitation.

Ce soir-là, je me suis donc habillé pour l'occasion. Alors qu'elle m'aidait à ajuster ma
90 cravate, ma femme m'a dit:

— Je regrette vraiment de ne pas pouvoir t'accompagner. Il y aura un très beau buffet... et j'ai entendu dire[22] que la femme de ton patron a fait venir[23] spécialement des

---

[18] of fashionable society   [19] *personnes importantes*
[20] top executives   [21] *ruinerait*
[22] heard (it said)   [23] *a commandé*

primeurs* du Midi. Il paraît même qu'il y
aura des pêches… Tu sais comme je les aime.
Et pourtant, c'est absolument impossible d'en
trouver dans les magasins en cette saison…
Oh, ces pêches! Est-ce que tu pourrais m'en
rapporter une… Une seule… S'il te plaît!

Surpris de
cette requête[24]
inattendue, j'ai
essayé d'expliquer à
ma femme que c'était
difficile. Comment
un monsieur en
habit noir[25] pourrait-il prendre une pêche et la
mettre dans sa poche sans être vu?

Mais ma femme a insisté: «Rien de
plus facile, au contraire… Tu profiteras d'un
moment où tout le monde sera en train de
danser. Tu t'approcheras du buffet et tu
prendras une pêche comme si c'était pour toi
et tu la dissimuleras[26] adroitement[27]. Personne
ne te verra… Oh, je sais bien, c'est un
caprice[28], mais ça me ferait tellement plaisir[29]!
Allez, promets-moi…»

Comment refuser quelque chose à la
femme qu'on aime? J'ai fini par promettre,
puis j'ai pris mon manteau et mon chapeau.

---

[24] request [25] formal evening dress [26] *cacheras*
[27] skillfully [28] whim [29] would please me

* À cause de son climat, le Midi (dans le sud de la France) produit
des primeurs, c'est-à-dire, des fruits et légumes consommables
avant la saison normale.

MOTS CLÉS
inattendu(e) unexpected

Au moment où j'allais partir, ma femme m'a regardé de ses grands yeux bleus et m'a dit: «N'oublie pas!

3

125 Ce soir-là, toute la société[30] de la ville était réunie[31] chez mon patron. Il y avait le maire, le président du tribunal, le général commandant la garnison et ses officiers supérieurs, et toutes les grandes familles de la ville.

130 Mon patron avait bien fait les choses. Le dîner était exquis. Après le dîner, les invités passèrent au grand salon et le bal commença. Vers minuit, il y eut un temps de repos pendant lequel un buffet fut servi dans 135 une petite pièce à côté du salon. Au milieu de la table trônaient[32] les fameuses pêches venues[33] spécialement du Midi. Disposées[34] en pyramide sur un plateau de faïence[35], elles provoquaient l'admiration générale. Oui 140 vraiment, elles étaient superbes! Je pensais alors à la promesse que j'avais faite à ma femme et **me demandais** comment j'allais la réaliser. Ce n'était pas facile!

Les domestiques préposés[36] au service 145 montaient une garde vigilante[37] autour de ces magnifiques et coûteux fruits. De temps en temps, sur un signe de mon patron, le maître d'hôtel prenait délicatement une pêche, la découpait[38] avec un couteau d'argent, et

---

[30] la haute société
[32] occupaient la place d'honneur
[34] arrangées
[36] assigned
[38] cut

[31] se trouvait
[33] brought
[35] glazed pottery
[37] kept watchful guard

MOTS CLÉS
se demander   to wonder

150 en présentait les deux moitiés à un invité
de marque[39]. Il en restait encore une demi-
douzaine quand l'orchestre se remit à[40] jouer.
Les invités se précipitèrent[41] au salon et on
recommença à danser.

155   C'est alors que j'exécutai mon projet. Je
pris mon chapeau et mon manteau, comme
si j'allais partir. Puis, sous un prétexte
quelconque[42], je passai dans la petite salle
où était dressé[43] le buffet. Heureusement les
160 domestiques étaient partis. Je me trouvais
donc seul. **M'assurant** que personne ne me

regardait, je ne
pris non pas une
mais deux de
165   ces magnifiques
pêches et je les
mis discrètement
dans mon chapeau.
Pressant celui-ci
170   très fort[44] contre
ma poitrine, j'allai
saluer[45] mon hôte et
mon hôtesse. Je les remerciai de leur aimable
invitation, puis je **me dirigeai,** digne[46] et fier
175 de moi, **vers** la sortie.

        Mon projet avait parfaitement réussi.
Que ma femme serait heureuse quand elle
verrait le produit de mon larcin[47] inoffensif!
C'est alors que se produisit l'incident…

---

[39] important	[40] *recommença à*	[41] dashed
[42] some pretext or other	[43] *placé*	[44] tightly
[45] dire au revoir à	[46] dignified	[47] small theft

MOTS CLÉS
   s'assurer to make sure   **se diriger vers** to move toward

4

180   Avant de sortir, il fallait que je traverse le salon où les jeunes gens et les jeunes filles continuaient à valser[48]. On organisait justement une nouvelle figure: une danseuse est placée au centre des danseurs qui

185 exécutent une ronde[49] autour d'elle. Elle doit tenir un chapeau à la main et en coiffer[50] le jeune homme avec qui elle veut danser. C'était justement la fille de mon patron qui devait se placer au centre du groupe. Me voyant avec

190 mon chapeau pressé contre la poitrine[51], elle s'écria:

— Monsieur Herbelot! Monsieur Herbelot! Nous avons besoin de votre chapeau! S'il

195

vous plaît, prêtez-le-nous pour quelques minutes seulement.

    Et sans attendre ma réponse, elle me

200 prit le chapeau des mains d'un mouvement brusque. Les pêches tombèrent et roulèrent sur le sol devant les invités ébahis[52].

    La musique s'arrêta. Tout le monde riait maintenant, sauf mon patron qui avait l'air

205 absolument furieux. Même les domestiques semblaient **se moquer de** moi... Alors la fille du patron me donna mon chapeau en me

---

[48] *danser la valse* (waltz)   [49] *dansent dans un cercle*
[50] *mettre sur la tête*   [51] chest
[52] open-mouthed

MOTS CLÉS
se moquer de   to laugh at, to make fun of

disant d'une voix ironique:

      — Eh bien, monsieur Herbelot, ramassez
210 donc vos pêches!

      J'aurais voulu être cent pieds sous
terre[53]. Rouge de confusion, je pris mon
chapeau, balbutiai[54] quelques mots d'excuses,
et partis comme un fou. Je rentrai chez moi et,
215 la mort dans le coeur, je racontai le désastre à
ma femme.

      Le lendemain, l'histoire courait[55] la ville.
Quand je suis entré à mon bureau ce matin-
là, mes collègues savaient ce qui s'était passé.
220 Les plus malicieux[56] murmuraient[57] à mon
passage: «Hé, Monsieur Herbelot, ramassez
donc vos pêches.» Dans la rue, j'entendais
les enfants des écoles dire en me montrant
du doigt[58]: «Regardez! C'est le monsieur aux
225 pêches!»

      Huit jours après, j'ai quitté la banque et
la ville. Ma femme et moi, **nous nous sommes
installés** à la campagne, chez un vieil oncle
qui avait une grande ferme. Je ne connaissais
230 rien aux travaux des champs[59], mais avec
l'aide de mon oncle, j'ai vite appris. Quand
celui-ci est mort, j'ai **hérité de** la ferme. C'est
comme ça que je suis devenu cultivateur!

      Tiens, si tu es libre dimanche prochain,
235 viens donc me rendre visite. Nous déjeunerons
ensemble.

---

[53] underground
[54] mumbled
[55] *circulait dans*
[56] inclined to tease
[57] would say in a low voice
[58] pointing at me
[59] farm work

À réfléchir...

Why did Vital quit his job at the bank? **(Make Inferences)**

MOTS CLÉS
    s'installer to settle   **hériter de** to inherit

CHALLENGE Do you think Vital Herbelot made the right choice? Why or why not? **(Make Judgements)**

5

Intrigué par l'histoire de mon ancien camarade de lycée, j'ai accepté son invitation. Le dimanche suivant, je suis donc allé chez 240 lui. Là, j'ai fait la connaissance de sa femme, toujours jolie à quarante-cinq ans, et de leurs magnifiques enfants. Nous avons fait un excellent déjeuner, accompagné d'un agréable vin blanc que mon ami faisait lui-même.

245 Après le déjeuner, il m'a proposé de faire un tour de la ferme. Il était particulièrement fier de son verger[60]. Alors que j'admirais particulièrement un pêcher chargé de[61] fruits splendides, il m'a dit:

250 — Celui-là, je l'ai planté en souvenir de l'histoire que je t'ai racontée! J'ai eu de la chance. Sans cette histoire absurde, je serais resté un bureaucrate toute ma vie. D'accord, j'aurais peut-être plus d'argent, mais je ne 255 serais pas plus heureux. **D'ailleurs,** comment être plus heureux? J'ai tout pour moi.

Puis, il a cueilli[62] deux énormes pêches et il me les donna en souriant:

— Tu verras! Ce sera les meilleures 260 pêches que tu aies jamais mangées!

---

[60] orchard   [61] laden with   [62] picked

Vocabulaire de la lecture

Mots clés

une pêche *peach*

un ancien élève *alumnus*

un cultivateur *farmer*

embaucher *to hire*

inattendu(e) *unexpected*

se demander *to wonder*

s'assurer *to make sure*

se diriger vers *to move toward*

se moquer de *to laugh at, to make fun of*

s'installer *to settle*

hériter de *to inherit*

d'ailleurs *besides*

A. Écrivez le mot clé dont le sens est le plus proche du contraire du mot ou de l'expression donné.

1. être sûr(e) _____

2. déménager _____

3. s'éloigner _____

4. licencier *(to fire)* _____

5. attendu(e) _____

B. Complétez chaque phrase par le mot clé qui convient le mieux.

1. Je ne le connais pas, et d'_____, je ne veux pas le connaître!

2. Il est allé à cette école… c'est un _____.

3. J'aime les fruits… je prendrais bien une _____.

4. Elle a _____ l'argent de sa mère.

5. Il a travaillé dans une ferme comme _____.

Tu as compris?

1. Pourquoi est-ce que le narrateur ne reconnaît pas Vital Herbelot?

_____

_____

2. Qu'est-ce que la femme de Vital lui demande de faire?

_____

3. Comment Vital Herbelot réussit-il à prendre deux pêches?

_____

4. De quelle façon le larcin de Vital Herbelot a-t-il été découvert?

_____

_____

5. Qu'est-ce que M. Herbelot a décidé de faire à la suite de l'incident?

_____

Connexion personnelle

Qu'est-ce que vous aimez manger? Est-ce qu'il y a quelque chose à manger qui est cher pour vous—quelque chose que vous ne mangez que pendant les fêtes, par exemple? Ou quelque chose qui vous rappelle des souvenirs de votre enfance? Faites un petit paragraphe dans le cahier à droite.

Avant de lire   *Le bracelet*

Reading Strategy

UNDERSTAND CHARACTERS' MOTIVES Motives are the emotions, needs, or desires that cause characters to act in certain ways. As you read *Le bracelet,* use the chart below to understand the actions of the main characters. Next to each action, describe the motivation the character had for taking it.

Action	Raison
La marchande met le bracelet dans la vitrine.	
Denise entre dans le magasin.	
Denise revient au magasin.	
Denise demande le nom du client qui a acheté le bracelet.	

What You Need To Know

As you know, in French, young (usually unmarried) women are called **Mademoiselle** while older (and often assumed to be married) women are called **Madame.** Today, the difference between **Mademoiselle** and **Madame** is one of age; once women reach a certain age, they are all called **Madame,** whether or not they are married. In this story, the main character, Denise, meets an elderly woman who corrects Denise immediately when she calls the woman **Madame** because, as we discover, the woman has never married.

READING TIP This story
begins in what is called *in
medias res*—or in the middle.
The story opens with dialogue
and action, no backstory or
explanation. Starting a story
that way puts the reader
immediately in the action.

**READER'S
SUCCESS
STRATEGY** For a long
reading with a lot of new
vocabulary, be sure to
preview the vocabulary first
(in the glosses and **mots clés**
sections) and then read the
selection. You'll improve your
comprehension.

NOTES

À propos de l'auteur

Michelle Maurois (1914–1994) vient d'une
famille d'écrivains et d'intellectuels. Son
père, André Maurois, était membre de
l'Académie française. Connue pour ses
contes, Michelle Maurois a aussi écrit des
essais et des romans.

Le bracelet

I

—**B**onjour Madame, dit Denise,
entrant dans le magasin de bric-à-brac[1].

—Mademoiselle… Je ne suis pas encore
Madame.

5   — Excusez-moi, dit la jeune fille
déconcertée. Bonjour Mademoiselle.

— Entrez ma belle, dit la marchande
sans lâcher[2] son tricot[3].

Denise se dirige vers la très vieille
10 femme, vêtue d'une longue robe rouge, assise
sur une chaise basse. Son visage est usé[4], ses

---

[1] *antiquités bon marché*   [2] *laisser*   [3] knitting   [4] *vieux*

cheveux d'un blanc de neige, mais son regard[5]
reste jeune et souriant[6].

15   — S'il vous plaît, Mademoiselle, quel est
le prix du bracelet qui se trouve au milieu de
la vitrine?

     — Il n'est pas à vendre, dit la vieille,
souriant toujours.

     — Comment cela?

20   — Tout est à vendre, sauf le bracelet.

     — Mais… vous l'**exposez.**

     — Oui, mais pas pour qu'on l'achète.

     — Ah! dit Denise étonnée[7]. C'est
dommage. Il me plaît. J'aime beaucoup les
25 bijoux anciens.

     La marchande se lève. Elle est toute
voûtée[8] et avance à petits pas[9].

La jeune fille regarde **autour d'**elle avec
curiosité; ces vieux objets excitent son
30 imagination, rappellent des époques
disparues, des familles éteintes[10]. Ici
sont mêlés[11] tasses chinoises, assiettes
romantiques[12], boîtes marquées du «N»
napoléonien,* vases de Venise[13] plus ou moins
35 cassés, verres de Bohême[14].

---

[5] *les yeux*	[6] smiling	[7] astonished
[8] bent over	[9] steps	[10] *qui n'existent plus*
[11] mixed together	[12] *décorées*	[13] Venitian glass vases
[14] Bohemian glasses		

Boîtes marquées du «N» napoléonien. As presents to his
  courtiers, Napoleon used to give small boxes decorated
  with the imperial «N».

MOTS CLÉS
exposer to exhibit   **autour de** around

La marchande prend dans la vitrine le bracelet et revient vers la jeune fille. Ce bracelet est en or, recouvert[15] de **pierres** de toutes les couleurs. Chaque pierre a la forme
40 d'un cœur.

—Il est fermé par un saphir de la couleur de mes yeux, dit la vieille femme. Il est joli, n'est-ce pas, mon bracelet?

—Très joli, dit Denise en le prenant dans
45 ses mains.

Quand elle le voit de près, la jeune fille est encore plus **tentée.** Le travail[16] est fin, délicat. C'est un charmant bijou qui vient d'être nettoyé et qui brille[17] de mille feux.
50 On le remarque d'**autant plus que** tout ce que contient le magasin[18] est recouvert de **poussière.**

II

Denise adore les bijoux, elle en possède plusieurs, mais elle n'a pas de bracelet. Elle
55 vient de recevoir son salaire du mois et elle a envie de faire une folie[19].

— Mais pourquoi, demande-t-elle, pourquoi ne voulez-vous pas me le céder[20]?

— Parce qu'il est à moi et parce que j'**y**
60 **tiens** plus qu'à tout au monde.

---

[15] covered
[17] shines
[19] *quelque chose d'extravagant*
[16] workmanship
[18] *ce qu'il y a dans le magasin*
[20] to let me have it

MOTS CLÉS
une pierre stone, gem
tenter to tempt
d'autant plus que all the
more that

la poussière dust
tenir à to hold dear, to cherish

— Mais tout, ici, n'est-il pas à vous?

— Non. Les autres objets, je les ai achetés, tandis que ce bracelet m'a été donné.

— Alors, pourquoi l'exposer?

65 — C'est un cadeau de mon fiancé.

Denise regarde la marchande et se tait. Le mot «fiancé» dans la bouche de la vieille femme est **surprenant.**

— Frédéric avait vingt ans… Frédéric
70 Cottet, c'est le nom de mon fiancé. Un jour il m'a apporté ce bracelet pour me tenir compagnie[21] pendant son absence. Il partait pour un très long voyage… Il n'est pas revenu.

75 — Excusez-moi, j'ai été indiscrète. Comme c'est triste!

— Oh non! Je l'attends.

— Vous… vous l'attendez…? dit la jeune fille.

80 — Tous les jours, à toutes les heures. Et comme il ne sait sans doute pas où me trouver, je laisse le bracelet au milieu de la vitrine pour qu'il le reconnaisse: voilà pourquoi il n'est pas à vendre.

85 — Je comprends, dit Denise lentement.

— Je vais d'ailleurs vite le **remettre.** Si Frédéric passait juste maintenant…

«La vieille femme est sûrement folle, se dit Denise en la suivant des yeux, mais

---

[21] to keep company

MOTS CLÉS
surprenant(e) surprising   **remettre** to put back

1. How would you describe the elderly woman in the shop? **(Make Judgments)**

2. What other characters have you read about that remind you of the old woman in this story? **(Compare and contrast)**

90 touchante, mystérieuse. Peut-être ne finit-on jamais de rêver?»

La marchande prend un verre sur lequel on peut lire en lettres dorées[22], un peu effacées[23], «souvenir» et le tend[24] à la jeune 95 fille.

— Je vous le donne parce que vous êtes si jolie.

— Oh! C'est trop gentil[25], mais je ne peux pas l'accepter...

100 — Cela me fait plaisir. Et revenez me voir.

Denise part, le verre serré[26] dans sa main, le cœur un peu lourd. Cette nuit-là, dans son lit, elle ne réussit pas à s'endormir. 105 Son esprit[27] ne peut pas se détacher[28] de la vieille marchande, attendant toute sa vie sans se décourager.

III

Quelques mois plus tard, l'été est venu. Denise en sortant du bureau, rentre un soir 110 par la rue où se trouve le magasin de bric-à-brac. Brillant de tous ses feux, le bracelet est toujours là. La vieille femme est assise sur le trottoir[29] devant la porte, travaillant au même tricot. Elle reconnaît la jeune fille et lui fait un 115 grand sourire.

---

[22] *d'or*	[23] to erase	[24] *donne*	[25] *généreux*
[26] held tightly	[27] mind	[28] *oublier*	[29] sidewalk

—Venez vous asseoir avec moi, ma belle, prenez une chaise à l'intérieur[30].

La jeune fille s'installe contre le mur de la maison à côté de la marchande.

120 —Vous avez eu beaucoup de clients aujourd'hui? demande Denise.

—Oh non! Je n'ai eu personne. J'ai été plus tranquille pour penser. Moi, je ne suis jamais seule… Frédéric est près de moi… Et 125 vous? Avez-vous un fiancé?

—Non, dit la jeune fille en rougissant.

—Pourquoi?

—Je connais peu de jeunes gens…

—Quand Frédéric viendra, je lui 130 demanderai de vous présenter un de ses amis.

Denise **frissonne;** elle est saisie[31] par une sorte d'anxiété[32].

— Je dois rentrer, dit-elle. Ma mère m'attend. Il va être l'heure du dîner.

135 — Je laisse ouvert[33] le plus longtemps possible. Frédéric termine peut-être tard son travail. Mais je vais fermer dans quelques minutes.

La marchande se dirige vers la vitrine, 140 sort le bracelet que Denise regarde une fois de plus avec admiration et l'attache à son bras.

— Je le mets tous les soirs pour dormir, dit-elle.

— Je reviendrai vous voir, dit la jeune 145 fille.

---

[30] à l'intérieur du magasin [31] seized
[32] peur [33] je garde le magasin ouvert

MOTS CLÉS
frissonner to shiver, shudder

— Adieu, ma belle. À bientôt.

Mais quelques jours plus tard, Denise tombe malade et reste couchée[34] près d'un mois. Elle est obligée d'aller se reposer à la
150 montagne. Les soucis[35] causés par sa maladie lui ont fait un peu oublier la vieille dame et son éternellement jeune fiancé.

IV

À son retour, Denise passe par hasard[36], un jour, devant le magasin qui lui plaisait
155 tant. De très loin, elle voit que le bracelet n'est plus dans la vitrine. Elle s'aperçoit aussi que quelque chose a changé. Il y a plus d'ordre, tout paraît plus propre qu'autrefois. Surprise, elle ouvre la porte du magasin et voit une
160 femme brune de cinquante ans environ[37], installée derrière un bureau.

—La vieille dame n'est plus là? demande la jeune fille.

—Non… elle est morte depuis un mois…
165 —Oh! Cela me fait de la peine[38], dit Denise. Elle était si charmante.

—Elle est morte brusquement. On l'a trouvée un matin ici, par terre[39]. Vous savez, elle était un peu bizarre…
170 —Oui, dit Denise, un peu bizarre…

—Je ne sais pas ce que je vais faire du magasin…

---

[34] *au lit*
[35] concerns, worries
[36] by chance
[37] about, approximately
[38] *me rend triste*
[39] on the ground

—Oh! J'espère que vous le garderez, il a tant de[40] charme.

175 —Est-ce que vous désirez quelque chose?

—Il y avait dans la vitrine, dit la jeune fille, un bracelet avec des pierres de couleur en forme de cœurs: il me plaisait beaucoup.

—En effet, il était très joli. Ma tante 180 l'avait déjà quand j'étais toute petite[41]… Je l'ai vendu quelques jours après sa mort. Un matin, un vieux monsieur, tout voûté, est resté longtemps dans la rue à regarder la vitrine. Puis il est entré. Il était complètement sourd[42] 185 et nous avons eu beaucoup de mal[43] à nous comprendre. Je crois qu'il trouvait le bracelet trop cher mais il en avait très envie et, à la fin il l'a acheté.

—Vous ne savez pas comment il 190 s'appelait?

—Je ne me souviens pas, mais il m'a payée par chèque. Cela vous intéresse de savoir son nom?

—Oui. J'attendais d'avoir assez d'argent 195 pour acheter ce bracelet. Je vais essayer de joindre[44] le vieux monsieur et lui demander de me le céder.

La femme brune ouvre un secrétaire[45], cherche dans des papiers.

200 —Ah voilà le nom: Frédéric Cottet.

---

[40] so much [41] *très jeune*
[42] deaf [43] *beaucoup de difficultés*
[44] to contact (someone) [45] *un petit bureau*

Vocabulaire de la lecture

Mots clés

exposer *to exhibit*	**tenir à** *to hold dear, to cherish*
autour de *around*	**surprenant(e)** *surprising*
une pierre *stone, gem*	**remettre** *to put back*
tenter *to tempt*	**frissonner** *to shiver, shudder*
d'autant plus que *all the more that*	**tomber malade** *to fall ill*
la poussière *dust*	

A. Choisissez la meilleure définition pour chaque mot.

_____ **1.** ce qui n'est pas attendu   a. frissonner

_____ **2.** ce qu'on fait quand on a   b. exposer
       peur ou froid

_____ **3.** ce qui accumule quand on   c. la poussière
       ne nettoie pas

_____ **4.** montrer quelque chose   d. surpenant(e)

_____ **5.** ce qui est sur une bague   e. tomber malade

_____ **6.** ce qu'on fait quand on ne   f. une pierre
       se sent pas bien

B. Complétez chaque phrase par le mot clé qui convient le mieux.

1. Il y a beaucoup d'arbres _____ la maison.

2. Il a _____ la lettre dans le tiroir du bureau.

3. Elle _____ cette bague que lui avait donné son mari.

4. Il a été _____ par l'idée de vivre en France.

Tu as compris?

1. Pourquoi est-ce que Denise entre dans le magasin?

_____

2. En quoi le bracelet est-il différent des autres objets?

_____

_____

3. Qui est Frédéric Cottet?

_____

4. Pourquoi est-ce que la marchande ne veut pas vendre le bracelet?

_____

_____

5. Qu'est-ce qui a changé quand Denise retourne au magasin pour la dernière fois? Qui a acheté le bracelet?

_____

_____

Connexion personnelle

Avez-vous un objet qui vous rappelle des souvenirs? Peut-être quelqu'un vous a donné cet objet, ou vous l'avez acheté pendant une visite. Utilisez le cahier à droite pour décrire l'objet.

Mon objet...

Avant de lire *Le portrait*

Reading Strategy

DETERMINE POINT OF VIEW When reading a story, it's important to determine who is telling it. We call that person the *narrator.* The perspective from which we hear or see the story is the *point of view.* Usually, we read a story told from a third person (he or she) point of view or a first person (I) point of view. Sometimes, stories are told in second person point of view, but not often. Another thing to consider is *tense.* Is the story told in the present or past tense? Complete the following chart about *Le portrait.*

Narrateur:	
Point de vue:	
Temps:	

What You Need To Know

In this story, Hélène, a young Canadian girl, discovers an old portrait of an uncle, long-dead, in the attic. Her mother warns her not to talk of this uncle to anyone. Hélène is taken with the portrait, though, and hangs it in her room.

À propos de l'auteur

Yves Thériault (1915-1983) est un auteur québécois. Avant de se consacrer à la littérature, il a fait un peu tous les métiers: conducteur de camion, marchand de fromages, présentateur à la radio, traducteur… Écrivain très prolifique, il a écrit des essais, des contes sur des thèmes canadiens, aussi bien qu'une série de romans policiers.

Le portrait

1

J'ai trouvé le portrait dans le grenier, un matin de juin. J'y étais allée chercher des pots[1] pour les confitures de fraises, puisque nous étions au temps de l'année pour ces choses.

5   Le portrait était derrière un bahut[2]. J'ai vu la dorure[3] du cadre. J'ai **tiré** à moi, et voilà que c'était le portrait.

Celui d'un homme jeune, aux cheveux bruns, à la bouche agréable, et des yeux qui me 10 regardaient. De grands yeux noirs, vivants…

---

[1] jars   [2] cupboard   [3] gilt

MOTS CLÉS
tirer   to pull, draw

READING TIP This selection includes several unusual words. Try to use context or previous knowledge to figure out the meanings. You know the word **or,** for example, so you might be able to figure out **dorure.** For some words, like **un bahut** and **un gaillard,** you might need to look at the glosses. Use context clues whenever possible and preview the **mots clés** for other words you don't know.

READER'S SUCCESS STRATEGY   It helps comprehension to see things from a character's point of view. As you read, try to put yourself in Hélène's place and see things the way she sees them. Try to imagine what she is like.

J'ai **descendu** le portrait dans la cuisine.

— Voilà, mère, c'était au grenier.

Elle regarda le portrait d'un air surpris.

— Nous avions donc ça ici, ma fille?
15 Tiens, tiens…

J'ai demandé:

— Qui est l'homme? Parce que c'est un bel homme. Il est vêtu[4] à la mode ancienne, mais c'est un magnifique gaillard[5]…

20 — Ton oncle, dit-elle, le frère de ton père. Le portrait a été peint alors qu'il était jeune.

— Quel oncle?

Je ne connaissais qu'une vague tante,
25 pâle, anémique, qui vivait à la ville et venait chez nous une fois l'an. C'était, à ma connaissance, la seule parente de mon père.

Je l'ai dit à ma mère.

— Je ne me connais pas d'oncle…

30 — C'était le plus jeune frère de ton père. Ils étaient quatre. Trois garçons, une fille. **Il ne reste que** ton père et ta tante Valérienne.

---

[4] dressed   [5] guy

MOTS CLÉS
descendre to bring down

il ne reste que (qu')… there is / are only… left

— Les autres sont morts?

Elle fit[6] oui de la tête.

35 — Même celui-là? dis-je, même ce bel oncle-là?

— Oui.

— Ce n'est pas juste de mourir quand on est si jeune et si beau… Non, ce n'est pas 40 juste… Eh bien, oui, j'avais un bel oncle. Dommage qu'il soit mort…

Ma mère me regardait curieusement.

—Hélène, tu dis de drôles de choses…

Mais je n'écoutais pas ma mère. Je 45 regardais le portrait. Maintenant, à la lumière plus crue[7] de la cuisine, le portrait me paraissait encore plus beau, encore mieux fait… Et j'aimais bien les couleurs.

— Je le **pends** dans ma chambre, dis-je…

50 — Comme tu voudras, dit ma mère, aujourd'hui, ça n'a plus d'importance.

La remarque n'était pas bien claire, et j'ai voulu savoir.

---

[6] *dit*   [7] direct

MOTS CLÉS
pendre to hang

— Vous ne trouvez pas que c'est d'en
55 dire beaucoup, et bien peu, mère?

— Peut-être. De celui-là, mieux vaut[8] en
dire le moins possible…

— Comment se nommait-il[9]?

— Tout simplement Jean…

60 — Et qu'est-ce qu'il faisait, demandai-je,
qu'est-ce qu'il faisait dans la vie?

Mais ma mère **secoua** la tête.

— Pends, dit-elle, ce portrait où tu
voudras… Ça n'a plus d'importance, mais si
65 tu veux un bon conseil, ne dis rien, ne **cherche
à** rien savoir. Et surtout, ne parle de rien à ton
père.

Au fond[10], ça n'avait pas d'importance.
J'aimais le coup de pinceau[11] de l'artiste.
70 J'aimais sa façon de tracer, de poser[12] la
couleur, j'aimais les teintes[13] chaudes…

Je trouvais l'oncle bien beau, et bien
jeune. Mais ça n'était pas si important que je

---

[8] *il vaut mieux*　　[9] *s'appelait-il*
[10] deep down　　[11] brush stroke
[12] *mettre*　　[13] *couleurs*

MOTS CLÉS
secouer　to shake　　　　　**chercher à**　to try to

doive encourir[14] d'inutiles **colères.** Et quelque
75 chose me disait, quelque chose dans le ton de
la voix de ma mère, dans la détermination de
son visage, que mon père n'aimerait pas du
tout que j'aborde[15] le sujet de son frère Jean.

2

J'ai pendu le portrait au mur de ma
80 chambre.

Je l'ai regardé chaque matin en
m'éveillant, et chaque soir avant de souffler la
lampe.

Et puis, au bout de deux semaines, une
85 nuit, j'ai senti que quelqu'un me touchait
l'épaule.

Je me suis éveillée en sursaut[16], j'ai
allumé ma lampe de chevet[17].

J'avais des sueurs[18] froides le long du corps…
90 Mais il n'y avait personne dans ma chambre.

Machinalement[19], j'ai regardé le portrait,
et en le voyant j'ai crié, je crois, pas fort[20], mais
assez tout de même, et je me suis enfoui[21] la
tête sous l'oreiller[22].

95 Dans le portrait, l'oncle Jean, très
habilement[23] rendu[24], regardait droit devant
lui… Mais lorsque je me suis éveillée, j'ai vu
qu'à cette heure-là de la nuit, il regardait
ailleurs. En fait il regardait vers la fenêtre. Il
100 regardait dehors…

[14] to incur	[15] *approche*	[16] with a start
[17] bedside	[18] sweats	[19] unconsciously
[20] not very loud	[21] buried	[22] pillow
[23] skillfully	[24] *peint*	

MOTS CLÉS
la colère anger   **ailleurs** elsewhere
s'éveiller to wake up

À réfléchir…

1. How would you characterize Hélène? **(Make Judgment)**

_____

_____

_____

_____

_____

_____

2. Why do you think Hélène is so taken with her uncle's portrait? **(Make Inferences)**

_____

_____

_____

_____

_____

À MARQUER ▷ **GRAMMAIRE**
In this unit, you've learned to use the present participle. Read the boxed sections of the text and underline examples of the present participle.

Le matin, je n'ai rien dit. Je n'ai rien dit non plus les jours suivants, même si, chaque nuit, quelqu'un... ou quelque chose m'éveillait en me touchant l'épaule. Et même
105 si chaque nuit, l'oncle Jean regardait par la fenêtre...

Naturellement, je me demandais bien ce que ça voulait dire. Plusieurs fois je me suis pincée, très fort[25], pour être bien sûre que je ne
110 dormais pas.

Chose certaine, j'étais bien éveillée.

Et quelque chose se passait... Mais quoi?

Au sixième matin... vous voyez comme
115 je suis patiente... j'ai voulu tout savoir de maman.

— L'oncle Jean, qui est-il? Qu'est-ce qu'il faisait? Pourquoi ne faut-il pas en parler devant papa, de cet oncle?

120 — Tu as toujours le portrait dans ta chambre? dit ma mère.

— Oui.

Elle continua ses occupations pendant quelques minutes, puis elle vint s'asseoir
125 devant moi, à la table.

— Ma fille, me dit-elle, il y a des choses qui sont difficiles à dire. Moi, ton oncle Jean, je l'aimais bien, je le trouvais charmant. Et ça mettait ton père dans tous les états[26] quand
130 j'osais dire de **telles** choses.

---

[25] pinched hard   [26] *en colère*

MOTS CLÉS
tel (telle)   such

Je lui ai demandé:

— Mais pourquoi, mère?

— Parce que ton oncle Jean, c'était une sorte de mouton noir dans la famille… il a
135 eu des aventures, je t'épargne[27] les détails. Surtout, il avait la bougeotte[28]. Il s'est enfui jeune de la maison, on ne l'a revu que plus tard…. Puis il est reparti. Un jour, ton père a reçu une lettre. Ton oncle Jean s'était fait
140 tuer[29], stupidement, dans un accident aux États-Unis. On a fait transporter son corps ici, pour être enterré dans le lot[30] familial au cimetière. Il n'aurait pas dû… mais…

— Pourquoi? ai-je demandé, pourquoi
145 n'aurait-il pas dû?

— Parce que, dans un testament découvert par la suite dans les effets de Jean, celui-ci exigeait d'être enterré n'importe où, mais pas dans le lot familial… Il disait dans
150 cet écrit qu'il n'avait aucunement[31] le désir de reposer aux côtés de la paisible[32] et sédentaire famille. Il avait un autre mot pour eux… pas très gentil.

---

[27] spare   [28] travelling urge   [29] was killed
[30] plot   [31] *pas du tout*   [32] quiet

Moi je croyais comprendre, maintenant.

155 — Est-ce que papa l'a fait transporter ailleurs?

— Euh… non… question des[33] dépenses que ça signifiait[34]… Jean n'a rien laissé, il est mort pauvre.

3

160 Ce soir-là, j'ai mieux dormi. J'ai été éveillée vers quatre heures, et toute la scène d'habitude s'est répétée.

— Soit[35], ai-je déclaré au portrait de l'oncle Jean…

165 Demain, je vais faire quelque chose.

Et le lendemain matin, j'ai pris le portrait, et je l'ai 170 porté dehors, derrière la remise[36]. Je l'ai **appuyé** là, face au soleil levant[37].

Plusieurs fois dans la journée, je suis 175 allée voir. L'oncle Jean regardait en face, mais j'ai cru voir comme une lueur[38] amusée dans ses yeux. Je me suis dit que je n'avais pas remarqué ce sourire auparavant[39].

Au crépuscule[40], le portrait était encore 180 là…

---

[33] *à cause des*	[34] *représentait*	[35] all right, so be it
[36] shed	[37] rising	[38] gleam
[39] *avant*	[40] dusk	

MOTS CLÉS
appuyer   to lean

Durant la nuit, je fus éveillée de nouveau. Seulement, au lieu d'une main discrète sur mon épaule, ce fut un très gentil baiser sur la joue qui m'éveilla.

185 Et je vous jure que pendant les quatre ou cinq secondes entre le sommeil profond et l'éveil[41] complet, j'ai bien senti des lèvres tièdes[42] sur ma joue.

Je me suis rendormie[43] paisiblement.
190 J'avais comme une sensation de **bien-être.**

Au matin, le portrait n'était plus à sa place.

J'ai demandé à papa s'il l'avait pris, et il m'a dit que non. Maman n'y avait pas touché.
195 Mes petits frères non plus.

Le portrait avait disparu. Et moi j'étais convaincue que sa disparition[44] coïncidait avec le baiser de reconnaissance si bien donné au cours de la nuit.

200 Vous voulez une explication? Je n'en ai pas. La chose est arrivée. Elle s'est passée comme ça peut être une suite[45] de rêves. Freud aurait une explication, je suppose… N'empêche[46] que les faits sont là. Un portrait
205 est disparu, et l'oncle Jean regardait. Pour un homme qui avait toujours eu la bougeotte, c'était tout de même assez significatif…

---

[41] wakefulness   [42] warm   [43] to go back to sleep
[44] disappearance   [45] series, sequence   [46] nevertheless

MOTS CLÉS
le bien-être   well-being

Vocabulaire de la lecture

Mots clés

tirer *to pull, draw*

descendre *to bring down*

il ne reste que (qu')... *there is /*
  are only ... left

pendre *to hang*

secouer *to shake*

chercher à *try to*

la colère *anger*

s'éveiller *to wake up*

ailleurs *elsewhere*

tel (telle) *such*

appuyer *to lean*

le bien-être *well-being*

A. Décidez si les deux mots constituent des antonymes ou des synonymes.

		ANTONYME	SYNONYME
1. la colère	la rage	_____	_____
2. s'éveiller	s'endormir	_____	_____
3. descendre	monter	_____	_____
4. chercher à	essayer de	_____	_____
5. ailleurs	ici	_____	_____

B. Complétez chaque phrase par le mot clé qui convient le mieux.

1. Il était très heureux... il était rempli d'un sentiment de _____.

2. Avez-vous jamais entendu une _____ histoire?

3. Il a _____ sur la ficelle *(string)* pour ouvrir la boîte.

4. Il y avait plusieurs choses dans le tiroir, mais _____'un bouton.

5. Elle a _____ le cadeau pour essayer de deviner le contenu.

6. Le jambon est _____ au-dessus de la cheminée.

Tu as compris?

1. Comment Hélène a-t-elle découvert le portrait?

_____

_____

2. Qu'est-ce que sa mère lui explique?

_____

3. Pourquoi est-ce qu'Hélène s'est éveillée en sursaut?

_____

4. Qu'est-ce qu'Hélène fait avec le portrait finalement? Pourquoi?

_____

_____

5. Qu'est-il arrivé au portrait?

_____

Connexion personnelle

Avez-vous jamais trouvé quelque chose d'intéressant dans le grenier ou dans la cave? Faites un petit paragraphe dans le cahier à droite en expliquant ce que vous avez trouvé et un peu de son histoire. Si vous n'avez jamais trouvé quelque chose d'intéressant, vous pouvez inventer une histoire.

Lectures supplémentaires

In this section you will find literary readings in French. Like the **Lecture** readings, the literary readings have reading strategies, reading tips, reader's success strategies, critical-thinking questions, vocabulary activities, comprehension questions, and a short writing activity to help you understand each selection. There is also an **À Marquer** feature for literary analysis of the readings.

Avant de lire   *Le petit prince*

Reading Strategy

CONNECT TO YOUR OWN LIFE When you read, you can connect story events or character's actions and thoughts to your own life. As you read this excerpt from *Le petit prince,* try to think of similar experiences or feelings you have had in your own life. Use the chart to connect the actions and words of the narrator to your experiences.

Ce que vous avez en commun avec le narrateur	Ce qui est différent entre le narrateur et moi

What You Need To Know

Children and adults see the world in different ways. Frequently, children approach the world with more imagination and creativity, whereas adults, bound by jobs and responsibilities, lose their childlike perspective. In these opening words of *Le petit prince,* the narrator looks back on a pivotal event in his childhood when he abandoned his love of drawing because "big people" couldn't understand his pictures.

À propos de l'auteur

Antoine de Saint-Exupéry (1900-1944) reste l'un des plus populaires écrivains français du vingtième siècle pour l'invention de son «petit prince», l'histoire d'un enfant et d'un renard rencontré dans le désert, qui dialoguent sur la condition de l'homme. «L'essentiel est invisible pour les yeux» dira le renard, qui sait que le coeur de l'homme est plus important que sa raison. Écrivain et pilote, et pionnier de l'aviation postale de France en Afrique et en Amérique du Sud, Antoine de Saint-Exupéry périra *(died)* en mer lors d'une dernière mission de guerre au-dessus de la Provence.

Le petit prince

Lorsque[1] j'avais six ans j'ai vu, une fois, une magnifique image, dans un livre sur la **forêt vierge** qui s'appelait *Histoires vécues*. Ça représentait un **serpent boa** qui **avalait** un
5   fauve[2]. Voilà la copie du dessin.

On disait dans le livre: «Les serpents boas avalent leur **proie** tout entière, sans la mâcher[3]. Ensuite ils ne peuvent plus bouger et ils dorment pendant les six mois de leur digestion.»
10   J'ai alors beaucoup réfléchi sur les aventures de la jungle et, à mon tour[4], j'ai réussi, avec un crayon de couleur, à tracer[5] mon premier dessin.

---

[1] When   [2] wild beast   [3] chewing   [4] my turn   [5] draw

MOTS CLÉS
la forêt vierge virgin forest   **avaler** to swallow
un serpent boa boa constrictor   **une proie** prey

A réfléchir...
What is the narrator's opinion of adults? What does the narrator mean when he says that adults don't understand anything on their own? What kind of consequences might the adults' attitude have on the child? Write your answer below. **(Infer)**

READING TIP Pay attention to *tense*. What tenses do you recognize? What do they tell you about the time of the narrative? About the narrator?

READER'S
SUCCESS
STRATEGY This story is told in the *first-person*. When you read first person narratives, it is helpful to try to put yourself in the narrator's position and see things from his or her point of view.

Mon dessin numéro 1. Il était comme ça:

15 J'ai montré mon **chef-d'oeuvre** aux grandes
personnes et je leur ai demandé si mon dessin
leur faisait peur.

Elles mon répondu: «Pourquoi un
chapeau ferait-il peur?»

20 Mon dessin ne représentait pas un
chapeau. Il représentait un serpent boa
qui digérait[6] un éléphant. J'ai alors dessiné
l'intérieur du serpent boa, afin que[7] les
grandes personnes puissent comprendre. Elles
25 ont toujours besoin d'explications. Mon dessin
numéro 2 était comme ça:

Les grandes personnes m'ont **conseillé** de
laisser de côté[8] les dessins de serpents boas
ouverts ou fermés, et de m'intéresser plutôt
30 à la géographie, à l'histoire, au calcul et à la
grammaire. C'est ainsi que[9] j'ai abandonné,
à l'âge de six ans, une magnifique **carrière**
de **peintre.** J'avais été **découragé** par
l'**insuccès** de mon dessin numéro 1 et de mon
35 dessin numéro 2. Les grandes personnes ne
comprennent jamais rien toutes seules, et
c'est fatigant, pour les enfants, de toujours et
toujours leur donner des explications….

---

[6] digested   [7] so that   [8] aside   [9] thus

MOTS CLÉS
un chef-d'oeuvre masterpiece
conseiller to advise
une carrière career

un peintre painter
décourager to discourage
l'insuccès failure

Vocabulaire de la lecture

Mots clés

la forêt vierge *virgin forest*	**conseiller** *to advise*
un serpent boa *boa constrictor*	**une carrière** *career*
avaler *to swallow*	**un peintre** *painter*
une proie *prey*	**décourager** *to discourage*
un chef-d'oeuvre *masterpiece*	**l'insuccès** *failure*

A. Complétez chaque phrase par le mot clé qui convient le mieux.

1. Le loup a chassé sa _____ dans la _____.

2. J'aime dessiner… je voudrais être _____ plus tard.

3. On m'a _____ de faire des bêtises quand j'étais jeune.

4. Le pain est très dur, j'ai du mal à l'_____.

5. Comme _____, je pense que j'aimerais être écrivain.

B. Faites quatre phrases en utilisant les mots clés qui restent.

1. _____

2. _____

   _____

3. _____

4. _____

Tu as compris?

1. Qu'est-ce que le narrateur a vu quand il avait six ans?

_____

2. Qu'est-ce qu'il a dessiné à son tour?

_____

3. Que pensaient les grandes personnes?

_____

4. Comment sont les «grandes personnes» selon le narrateur?

_____

5. Est-ce que le narrateur a suivi les conseils des grandes personnes?

_____

Connexion personnelle

Est-ce que vous vous souvenez de votre enfance? Qu'est-ce que vous aimiez faire? Que faisiez-vous que vous ne faites plus? Aviez-vous une grande personne qui vous a enouragé à suivre vos rêves ou, au contraire, vous a découragé de les suivre? Écrivez vos idées dans le cahier à droite.

Avant de lire   *La cantatrice chauve*

Reading Strategy

INTERPRET A DRAMA Reading a play has a lot in common with reading fiction—determining who the characters are, paying attention to setting. However, the bulk of the story is told through dialogue, so you've got to pay more careful attention to what is said. Using a chart like the one below, jot down your observations after skimming through the entire scene.

les personnages	
le lieu	
le dialogue	

What You Need To Know

In this scene from Ionesco's first play, *La cantatrice chauve* (1950), a married couple, the Martins, arrive for dinner at the home of the Smiths. While the Smiths are off getting ready for dinner, the Martins have a conversation, during which they realize they are married to each other.

Ionesco wrote *La cantatrice chauve* while he was trying to teach himself English and filled the play with many of the types of empty phrases found in his lesson book. Ultimately, the play highlights the problems and failures of communication—one of the main focuses of the "theater of the absurd" of the 1950s and 60s with which Ionesco is intimately connected.

À propos de l'auteur

Eugène Ionesco (1912-1994) est né en Roumanie. Il fait des études de français à l'université de Bucarest, et devient lui-même professeur de français. En 1938, il quitte son pays menacé par le nazisme et vient s'installer en France. Il commence alors une brillante carrière littéraire qui lui vaudra d'être nommé à l'Académie française.

Ionesco est l'auteur de 33 pièces de théâtre. Dans ses pièces, il dénonce la banalité ou l'angoisse de l'existence avec une arme très puissante: l'humour. Combattant l'absurde par l'absurde, Ionesco a créé un théâtre entièrement nouveau que ses critiques ont justement appelé «Le Théâtre de l'Absurde».

La cantatrice[1] chauve[2]

SCÈNE IV
LES ÉPOUX MARTIN

*Mme et M. Martin **s'assoient** l'un en face de l'autre, sans se parler. Ils se sourient, avec timidité.*

M. MARTIN *(le dialogue qui suit doit être dit d'une voix **traînante,** monotone, un peu chantante, **nullement nuancée**)* Mes

5 excuses, Madame, mais il me semble, si **je ne me trompe,** que je vous ai déjà rencontrée quelque part.

MME MARTIN À moi aussi, Monsieur, il me

[1] singer (soprano)   [2] bald

MOTS CLÉS
s'asseoir to sit down
traînant(e) drawling
nullement not at all
nuancé(e) nuanced
se tromper to be mistaken

10   semble que je vous ai déjà
rencontré quelque part.

M. MARTIN   Ne vous aurais-je pas
déjà **aperçue,** Madame, à
Manchester, **par hasard?**

15   MME MARTIN   C'est très possible. Moi, je
suis **originaire** de la ville
de Manchester! Mais je ne
me souviens pas très bien,
Monsieur, je ne pourrais pas
20   dire si je vous y ai aperçu, ou
non!

MME MARTIN   Mon Dieu, comme c'est
curieux! Moi aussi je suis
originaire de la ville de
25   Manchester, Madame!

MME MARTIN   Comme c'est curieux!

M. MARTIN   Comme c'est curieux!...
Seulement, moi, Madame, j'ai
quitté la ville de Manchester,
30   il y a cinq semaines, environ.

MME MARTIN   Comme c'est curieux! quelle
bizarre coïncidence! Moi
aussi, Monsieur, j'ai quitté
la ville de Manchester, il y a
35   cinq semaines, environ.

...

M. MARTIN   Depuis que je suis arrivé
à Londres, j'habite rue
Bromfield, chère Madame.

MME MARTIN   Comme c'est curieux, comme

| À MARQUER > **ANALYSE LITTÉRAIRE** Verbal irony exists when we understand the opposite of what the speaker says. In this scene, the entire situation is ironic, given that the characters appear to be married but in the beginning of the scene, only barely recognize each other. What repeated lines in the text underscore the sense of irony? Circle two of them, and write them here:

MOTS CLÉS

apercevoir   to perceive, notice   **originaire**   originally from
par hasard   by chance

40   c'est bizarre! moi aussi, depuis mon arrivée à Londres j'habite rue Bromfield, cher Monsieur.

M. MARTIN   Comme c'est curieux, mais
45   alors, mais alors, nous nous sommes peut-être rencontrés rue Bromfield, chère Madame.

MME MARTIN   Comme c'est curieux; comme
50   c'est bizarre! c'est bien possible, après tout! Mais je ne m'en souviens pas, cher Monsieur.

M. MARTIN   Je demeure au no 19, chère
55   Madame.

MME MARTIN   Comme c'est curieux, moi aussi j'habite au no 19, cher Monsieur.

M. MARTIN   Mais alors, mais alors, mais
60   alors, mais alors, mais alors, nous nous sommes peut-être vus dans cette maison, chère Madame?

MME MARTIN   C'est bien possible, mais je
65   ne m'en souviens pas, cher Monsieur.

M. MARTIN   Mon appartement est au

cinquième étage, c'est le no 8,
chère Madame.

70 MME MARTIN   Comme c'est curieux, mon
Dieu, comme c'est bizarre! et
quelle coïncidence! moi aussi
j'habite au cinquième étage,
dans l'appartement no 8, cher
75 Monsieur!

M. MARTIN, *songeur*. Comme c'est curieux,
comme c'est curieux, comme
c'est curieux, et quelle
coïncidence! vous savez, dans
80 ma chambre à coucher j'ai un
lit. Mon lit est couvert d'un
édredon vert. Cette chambre,
avec ce lit et son **édredon**
vert, se trouve au fond du
85 corridor, entre les water[3] et la
bibliothèque, chère Madame!

MME MARTIN   Quelle coïncidence, ah mon
Dieu, quelle coïncidence! Ma
chambre à coucher a, elle
aussi, un lit avec un édredon
90 vert et se trouve au fond du
corridor, entre les water, cher
Monsieur, et la bibliothèque!

M. MARTIN   Comme c'est bizarre, curieux,
étrange! alors, Madame,
95 nous habitons dans la même
chambre..., chère Madame.
C'est peut-être là que **nous
nous sommes rencontrés!**

[3] toilets (*water* = water closets, or w.c.)

MOTS CLÉS
un édredon   quilt, comforter   **se rencontrer**   to meet

100 MME MARTIN Comme c'est curieux et quelle coïncidence! C'est bien possible que nous nous y soyons rencontrés, et peut-être même la nuit dernière.

105 Mais je ne m'en souviens pas, cher Monsieur!

M. MARTIN J'ai une petite fille, ma petite fille, elle habite avec moi, chère Madame. Elle a deux

110 ans, elle est blonde, elle a un oeil blanc et un oeil rouge, elle est très jolie, et elle s'appelle Alice, chère Madame.

115 MME MARTIN Quelle bizarre coïncidence! moi aussi j'ai une petite fille, elle a deux ans, un oeil blanc et un oeil rouge, elle est très jolie et s'appelle aussi Alice,

120 cher Monsieur!

M. MARTIN, *même voix traînante, monotone.* Comme c'est curieux et quelle coïncidence! et bizarre! c'est peut-être la même, chère

125 Madame!

MME MARTIN Comme c'est curieux! c'est bien possible cher Monsieur.

Un assez long moment de silence… La pendule sonne vingt-neuf fois.

130 M. MARTIN, *après avoir longuement réfléchi, se lève lentement et, sans se presser, se dirige vers Mme Martin qui, surprise par l'air solennel de M. Martin, s'est levée, elle aussi, tout doucement; M. Martin a la même voix rare, monotone, vaguement* 135 *chantante.*

Alors, chère Madame, je crois qu'il n'y a pas de doute, nous nous sommes déjà vus et vous êtes ma propre épouse… Élisabeth, je t'ai retrouvée!

140 MME MARTIN *s'approche de M. Martin sans se presser. Ils s'embrassent sans expression. La pendule sonne une fois, très fort. Le coup de la pendule doit être si fort qu'il doit faire **sursauter les** spectateurs. Les époux Martin ne l'entendent* 145 *pas.*

MME MARTIN   Donald, c'est toi, darling!

A réfléchir…

The Martins discover all of the following about each other *except:* **(Clarify)**

- ☐ They live in the same apartment.

- ☐ They both have a daughter named Alice.

- ☐ They went to the same school.

- ☐ They both have a bed located in the same place in the same apartment.

CHALLENGE Why do you suppose Ionesco chose this particular dialogue for the Martins? What might he be trying to suggest? Although it is definitely absurd, what connection to reality does it have? Write your answer below. **(Analyze)**

_____

_____

_____

_____

_____

_____

_____

_____

_____

MOTS CLÉS
sursauter   to jump

Vocabulaire de la lecture

Mots clés

s'asseoir *to sit down*
traînant(e) *drawling*
nullement *not at all*
nuancé(e) *nuanced*
se tromper *to be mistaken*
apercevoir *to perceive, notice*

par hasard *by chance*
originaire *originally from*
un édredon *quilt, comforter*
se rencontrer *to meet*
sursauter *to jump*

A. Choisissez la meilleure définition pour chaque mot.

_____ **1.** s'asseoir

_____ **2.** se tromper

_____ **3.** par hasard

_____ **4.** se rencontrer

_____ **5.** apercevoir

a. sans avoir fait quelque chose exprès

b. connaître pour la première fois

c. prendre une chaise

d. ne pas avoir raison

e. remarquer

B. Faites six phrases en utilisant les mots clés qui restent.

1. _____

2. _____

3. _____

4. _____

5. _____

5. _____

Tu as compris?

1. Où est-ce que les Martins ont grandi?

_____

2. Quand est-ce M. et Mme Martin ont quitté Manchester?

_____

3. Où habitent-ils maintenant—quelle ville et quelle rue?

_____

4. Pourqoui est-ce que Mme Martin dit que c'est bizarre que M. Martin habite au 19, rue Bromfield?

_____

5. Qu'est-ce qu'ils découvrent à la fin de leur conversation?

_____

Connexion personnelle

Est-ce que vous avez jamais eu une coïncidence bizarre dans votre vie? Qu'est-ce qui s'est passé? Avez-vous vu quelqu'un quelque part dans un endroit étrange? Est-ce que vous avez des amis avec qui vous vous entendez si bien que vous dites les mêmes choses à la fois? Expliquez un peu votre coïncidence en utilisant le cahier à droite.

Une coïncidence

_____

_____

_____

_____

_____

_____

_____

_____

_____

_____

Avant de lire

Le vent
Chanson d'automne

Reading Strategy

ANALYZE METAPHORS Read the poems several times, to analyze the poet's use of figurative language. What do you think the poet means when he writes the following lines? What feeling or impression is he trying to convey?

je suis le vent qui s'habille de feuilles mortes	
les sanglots longs des violons de l'automne	

What You Need To Know

The readings for this unit are *Le vent* by Émile Verhaeren and *Chanson d'automne* by Paul Verlaine. Though both poems deal with the end of autumn, the two poems reflect very different feelings and attitudes about that time of year. The poet uses the metaphor of the wind to convey shelter and comfort (in the case of *Le vent*) and sorrow (in the case of *Chanson d'automne*).

À propos de l'auteur

Héritier du XIXème siècle, le Belge Émile Verhaeren (1855–1916) est un des premiers représentants du lyrisme au XXème siècle qui prendra fin avec la première guerre mondiale. Sa mort en pleine guerre est symbolique de la fin d'un monde de douceur sacrifié à la brutalité des hommes. Humaniste, il essayera de donner un sens au gigantisme des villes et à l'enfer du monde urbain.

A réfléchir…

Try to picture the scenes where both poems occur. Based on the images described, say as much as you can about the action, about the time of day, year, weather, etc. **(Visualize)**

Le vent

Ouvrez, les gens, ouvrez la porte,
Je frappe au seuil[1] et à l'auvent[2],
Ouvrez, les gens, je suis le vent
Qui s'habille de feuilles mortes.

5   Entrez, monsieur, entrez le vent,
Voici pour vous la **cheminée**
Et sa **niche** badigeonnée[3];
Entrez chez nous, monsieur le vent…

---
[1] door sill   [2] canopy   [3] white-washed

READING TIP To help you determine the author's tone, look for words that will help you understand the author's feelings. Jot down some of those words here and the feeling they convey.

READER'S SUCCESS STRATEGY Read the poem out loud to determine the rhyme scheme. Highlight the rhyming words with different colors.

MOTS CLÉS
la cheminée fireplace   **la niche** alcove

▌▌▌À MARQUER◇ ANALYSE LITTÉRAIRE The repetition of consonant sounds in nearby words in poetry is called *consonance*. Both of the poems in this selection make use of consonance. Read the boxed section of the poem out loud and underline the examples of consonance.

CHALLENGE Can you make a connection between *Le vent* and *Chanson d'automne*? What elements of time appear in both readings? Do the authors express the same kinds of feelings in both works? Explain your ideas on the lines below. **(Connect)**

_____
_____
_____
_____
_____
_____
_____
_____
_____
_____
_____
_____
_____
_____
_____
_____
_____
_____

À propos de l'auteur

Paul Verlaine (1844–1896) est pour beaucoup l'ange et le démon de la poésie française. Il est hanté à la fois par la décadence et un fort désir de vivre. Ami de Rimbaud, il entretient *(has)* avec lui un rapport conflictuel et ambigü. Les vers de Verlaine sont considérés encore aujourd'hui comme le sommet d'une poésie dans laquelle les sonorités accentuent les impressions et la sensualité des mots.

Chanson d'automne

> Les **sanglots** longs
> Des violons
>   De l'automne
> **Blessent** mon coeur
> 5   D'une **langueur**
>   Monotone.

Tout suffocant
Et **blême,** quand
      Sonne l'heure,
10   Je me souviens
Des jours anciens[4]
      Et je pleure;

Et je m'en vais
Au vent mauvais
15   Qui m'**emporte**
Deçà, delà,
Pareil[5] à la
      Feuille morte.

_____
[4] past   [5] the same

MOTS CLÉS

un sanglot sob		**blême** pallid, pale
blesser to wound		**emporter** to take
la langeur languor		**deçà delà** here and there

Vocabulaire de la lecture

Mots clés

la cheminée *fireplace*

la niche *alcove*

un sanglot *sob*

blesser *to wound*

la langeur *languor*

blême *pallid, pale*

emporter *to take*

deçà delà *here and there*

le vent *wind*

A. Écrivez le mot clé dont le sens est le plus proche du contraire du mot donné.

1. apporter _____

2. guérir _____

3. un rire _____

4. l'énergie _____

B. Faites cinq phrases en utilisant les mots clés qui restent.

1. _____

2. _____

3. _____

4. _____

5. _____

Tu as compris?

1. Qu'est-ce qui frappe au seuil?

_____

2. Comment s'habille le vent dans le poème *Le vent*?

_____

3. Que font «les sanglots longs des violons de l'automne»?

_____

4. Pourquoi est-ce que le narrateur du poème *Chanson d'automne* pleure?

_____

5. Comment est-ce qu'il s'en va?

_____

Connexion personnelle

Quelle est votre saison préférée? Aimez-vous l'automne? Ou préférez-vous l'été? Le printemps? L'hiver? Faites un paragraphe pour expliquer votre saison préférée. Utilisez le cahier à droite.

Ma saison préférée

Avant de lire   *La Civilisation, ma Mère!...*

Reading Strategy

CONTEXTUALIZE It is important to put a text in its cultural and historical context in order to fully understand it. If we always read texts from our own position, as people living in a certain place and time with specific experiences, and fail to see texts as products of *other* places and times, we will miss out on crucial details and understanding. Using the web below, list the details in the text that suggest the context for this reading.

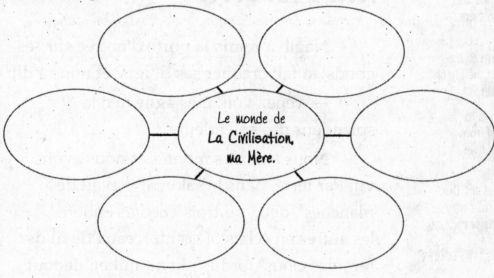

Le monde de
La Civilisation,
ma Mère.

What You Need To Know

In traditional Muslim cultures, women often live cloistered lives, never venturing beyond the confines of their houses at all, as is the case for the mother at the beginning of *La Civilisation, Ma Mère!...* by Moroccan writer Driss Chraïbi. In this section of the book, which takes place during and after World War II, a cloistered Moroccan woman is presented with a radio by one of her sons, and she begins to discover the outside world. Later in the story, the narrator teaches his mother how to read and she goes to college. She eventually becomes a teacher and a leader, traveling all around Morocco to teach other women.

A réfléchir...

1. From among the sentences below, choose the two that best represent the author's purpose. **(Identifying Main Idea)**

☐ a. The author wants to make fun of Moroccan women of the 1940s.

☐ b. The author wants to paint a portrait of what life was like for one specific Moroccan woman.

☐ c. The author wants to show how bad life was for women who were cloistered.

☐ d. The author wants to use humor to depict the life of a cloistered woman.

☐ e. The author wants to prevent women from living cloistered lives.

2. Why do the brothers let the mother think that the radio "talks" by magic? **(Infer)**

_____

_____

_____

_____

_____

_____

_____

_____

_____

_____

À propos de l'auteur

Longtemps considéré comme un rebelle par les Marocains, Driss Chraïbi (1926–) est l'un des plus importants porte-paroles *(spokespeople)* de la modernité de son pays. Lancé en 1954 par *Le passé simple,* il critique le poids d'une tradition inutile et surtout de la place restreinte *(restricted)* faite aux minorités, dont les femmes. Son attachement aux valeurs berbères *(Berber)* de ses origines le distingue tout particulièrement parmi les écrivains de sa génération qui 'pensent en arabe' et 'écrivent en français'.

La Civilisation, ma Mère!...

Nagib a **remis** la porte d'entrée sur ses gonds[1], a fait craquer ses doigts[2] et nous a dit:

— Venez voir, mes **agneaux,** la splendeur des splendeurs.

5 Nous sommes montés et nous avons vu. Par terre, dans le salon, il y avait des planches[3], deux ou trois encores entières, les autres en éclats[4]. Des morceaux de fil de fer[5], des clous[6] tordus[7]. Et au milieu de tout 10 cela, quelque chose de noir, pesant[8], oblong, qui tenait du coffre[9] et de l'armoire. Avec un **cadran,** deux boutons et une plaque de métal où était gravé en relief un mot que je ne comprenais pas: BLAUPUNKT.

15 Ma mère a considéré Nagib et il a levé les bras au ciel. Puis elle a considéré le meuble, longuement; a tourné tout autour, les

---

[1] hinges   [2] fingers   [3] planks   [4] pieces   [5] iron wire
[6] nails   [7] twisted   [8] heavy   [9] chest

MOTS CLÉS
remettre to put back   **un cadran** dial
un agneau lamb

mains dans le dos; à **tapoté** le cadran, tourné
les boutons. Et comme le meuble ne réagissait
20 pas, elle s'est arrêtée et m'a dit:

      — Qu'est ce que c'est, cette chose?

      — Blo Punn Kteu, ai-je répondu.

      — Quoi?

      — Blo Punn Kteu.

25   Elle s'est mise[10] tout de suite en colère,
comme si le feu couvait[11] depuis longtemps en
elle.

      — Quelqu'un dans cette maison veut-il
m'expliquer de quoi il s'agit?

30   — Ce qu'il a dit n'est pas tout à fait
exact, a fait remarquer mon frère. Moi aussi, je
sais lire. Il y a écrit «Bla Upunn Kteu».
Je me suis mis en colère à mon tour.

      — Blo Punn Kteu!

35   — Non, monsieur, a dit Nagib. B-L-A,
Bla, Upunn Kteu. C'est comme ça, mon petit!

      — Seigneur Dieu! s'est écriée[12] ma mère
en se tordant[13] les mains. Qu'est-ce qu'ils
racontent, ces monstres que j'ai mis au monde!
40 Allez-vous m'expliquer à la fin?

      — C'est la radio, a répondu Nagib. La
radio, quoi!

      — Mais qu'est-ce que c'est que cette
«radio» dont j'entends parler depuis trois jours?
45 Radio… Blo… Bla Upunn… Radio… Kteu!…

      Les yeux dans les yeux, Nagib et moi
nous sommes regardés en frères et nous avons

---

[10] got   [11] smouldered   [12] cried   [13] wringing

MOTS CLÉS
tapoter to tap

READING TIP *Tone* is the writer's attitude toward his or her material. As you read, highlight lines that indicate the writer's tone toward his subject.

READER'S SUCCESS STRATEGY Continue looking for cues that indicate that this story is about a culture and era different from yours. As you read, underline words and expressions that indicate this.

▌▌À MARQUER⟩ ANALYSE LITTÉRAIRE When a discrepancy occurs between what a character knows and what a reader knows, we call that *dramatic irony*. Read the boxed text and underline an example of dramatic irony.

répondu d'une seule et même voix:

— C'est une boîte qui parle.

50 — Qui parle? Une boîte qui parle? Ah ça! Vous me prenez pour une femme du Moyen Age ou pour un haricot[14]? Vous osez vous moquez de votre mère? Attendez un peu que je défasse[15] ma ceinture.

55 — Elle est en soie, a dit Nagib. Elle ne ferait pas de mal à un verre de terre[16]. Prends plutôt une de ces planches. Et tape[17] si tu ne comprends pas. Mais auparavant[18], écoute-moi, petite mére: ceci est une boîte, je te 60 l'assure, et une boîte qui parle.

— Mais-elle-ne-parle-pas!

— Elle va le faire. Elle va donner les nouvelles du monde entier, elle va chanter, dire: «Au quatrième top, il sera exactement 10 65 heures 24 minutes 30 secondes.» Elle va rire, pleurer, raconter **un tas d'**histoires.

— Elle va faire tout ça? Tu en es sûr?

— Oui, madame.

— Mais… mais comment?

70 De nouveau, nous nous sommes regardés, mon frère et moi. Et nous nous sommes compris. J'ai vu comme un doigt sur les yeux de Nagib me recommandant[19] la plus grande prudence: «Chut! tais-toi. Ne lui 75 parle surtout pas de l'électricité, ça ferait des étincilles[20].» J'ai répondu très vite:

---

[14] bean (*prendre quelqu'un pour un haricot*=take someone for a fool)
[15] take off   [16] earthworm   [17] knock   [18] first
[19] advises   [20] sparks

MOTS CLÉS
un tas de   many

— Par magie.

— Ah bon! a dit ma mère, soulagée[21] et joyeuse tout à coup. Comme les fakirs[22] et les
80 charmeurs de serpents[23]?

— C'est ça. Parfaitement.

— Tu veux dire qu'un magicien va venir et animer cette grande boîte?

Nagib l'a prise dans ces bras, lui a
85 embrassé les mains, le front, les cheveux.

— C'est un magicien tellement magique que tu ne le verras même pas. Je t'en donne ma parole.

— Oh! Je suis contente… si contente…
…

90 Nagib tourna les boutons du récepteur[24], régla[25] le volume, une voix hurla[26]:

— Blé dur[27] 180, blé tendre 213, fenugrec[28] 31, millet[29] 20.

Suivit une musiquette[30]. J'en profitai
95 pour demander à ma mère:

— Eh bien, qu'en penses-tu?

Si elle pensait quoi que ce fût, elle ne m'en dit rien. Ne bougea pas, ne m'entendit même pas. Le rêve l'habitait à présent, coulait
100 dans ses veines, avait la fixité de son regard.

— Et maintenant, mes chers auditeurs, voici notre bulletin météorologique. Une zone de haute pression[31] venant des îles Canaries se dirige vers le sud de notre pays…
105 Températures relevées sous abri à 16 heures: Fès 28, Casablanca 29, Marrakech 34…

---

[21] soothed	[22] wizard	[23] snake charmers	[24] receiver
[25] adjusted	[26] screamed	[27] durum wheat	[28] fenugreek
[29] millet	[30] sappy music	[31] high pressure zone	

Nagib me fit **un clin d'oeil** et nous quittâmes le salon sur la pointe des pieds. Sans un mot, nous fîmes nos devoirs, puis une partie

110 amicale de poker qui se termina par une bagarre de muets[32]. Comme mon père était en voyage, nous fîmes également un dîner improvisé dans la cuisine: du pain d'orge[33] et du miel pour mon frère, des oeufs coulants[34]

115 pour moi. Deux ou trois fois, Nagib monta, brandissant un gigot de mouton comme une massue[35]. Et chaque fois qu'il redescendait, il secouait la tête: «Chut! elle écoute le sermon du vendredi… Elle est au théâtre… Au concert…»

120   — Elle a mangé?

    — Non, c'est moi. Un coup de dents[36] en passant. Ce serait malheureux de perdre cette belle viande, hein?

    A minuit, la voix radiophonique dit:

125   — Bonsoir, mesdames… Bonsoir, messieurs. (Et se tut.)

    — Bonsoir, monsieur le magicien, lui répondit ma mère. Dors bien, fais de beaux rêves.

130   — Pas de puces[37], pas de punaises[38], ajouta Nagib. Et maintenant, maman, tu veux manger quelque chose? Il y a encore pas mal de viande sur cette os[39]. Ou je te fais six oeufs sur le plat avec des cornichons[40] comme tu les

135 aimes? Hein, petite maman?

    — Baisse la voix, idiot! Tu vas le réveiller.

---

[32] poker term	[33] barley	[34] runny	[35] club
[36] just a bite	[37] fleas	[38] bugs	[39] bone
[40] pickles			

MOTS CLÉS
un clin d'oeil   a wink

Tu ne l'entends pas **ronfler,** le pauvre?

C'était vrai: la radio ronfler. Je coupai le courant.

140 C'est ainsi que le «magicien» s'installer dans la maison et l'anima du matin au soir. Déclamant[41], chantant, criant, riant. Ma mère était persuadée qu'il s'agissait d'un être vivant, en chair et en os, une sorte d'érudit doublé d'un
145 devin[42] qui avait beaucoup voyagé, beaucoup appris et, tel Diogène[43], se cachait dans une caisse[44] à l'abri[45] des horreurs de ce monde. Afin de nous départager[46], elle l'appela Monsieur Kteu. D'ailleurs, elle n'eût pas su prononcer
150 d'un jet[47] son nom en entier: Monsieur Blo Upunn Kteu — encore moins Bla Upunn Kteu.

Elle dialoguait avec lui, l'approvait, n'hésitait pas à l'interrompre:

— Comment dites-vous, Monsieur Kteu?
155 Voulez-vous répéter, s'il vous plaît? Je n'ai pas bien entendu… Oh! Non, monsieur Kteu, là vous vous trompez. On vous a mal renseigné: je vous assure qu'aujourd'hui il n'a pas plu du tout… Mais vous ne pouvait pas être partout à
160 la fois, n'est-ce pas?

Monsieur Kteu devint[48] pour elle l'homme qu'elle avait toujours attendu: le père qu'elle n'avait jamais connu, le mari qui lui récitait des poèmes d'amour, l'ami
165 qui la conseillait et lui parlait de ce monde extérieur dont elle n'avait nulle conaissance.

---

[41] denouncing	[42] soothsayer	[43] Diogenes (Greek philosopher)
[44] box	[45] shelter	[46] decide between, settle
[47] in one breath	[48] became	

MOTS CLÉS
ronfler to snore

Quand vint la Seconde Guerre mondiale, elle était là, fidèle au **poste.** Attentive à toutes les souffrances, comptant les coups[49], à traits

170 de crayon gras[50] sur la planche à lessive[51]. J'étais au lycée où j'étudiais l'humanisme et les humanités. Elle était là, dans cette maison-tombeau[52], apprenant la vie.

— Ce n'est pas vrai, Monsieur Kteu,

175 disait-elle. Il ne faut pas croire tout ce que dit ce Monsieur Hitler. Il n'a pas pu couler deux mille huit cent quatre-vingt-quatre bateaux en un mois. Ce n'est pas possible.

Monsieur Kteu ne l'entendait pas. Il

180 n'avait pas le temps. Il était lancé comme un speaker payé au cachet[53], aboyait[54] des communiqués de guerre, rendait compte[55] de toutes les batailles sur fond de marches[56] triomphantes.

185 — Reposez-vous maintenant, lui disait tendrement ma mère. Vous en avait assez fait pour aujourd'hui. C'est une bénédiction du ciel que vous n'ayez pas attrapé une balle perdue[57].

Et elle éteignait[58] le poste, apportait —

190 oui, elle apportait à Monsieur Kteu à boire et à manger. Le lendemain matin, les plats étaient vides et elle était heureuse. C'était Nagib. Il se levait la nuit et se dévouait[59]. Il devint de plus en plus grand et fort. Il ne fallait pas briser[60] le

195 rêve de notre mère.

---

[49] blows	[50] soft lead pencil	[51] wash board
[52] tomb	[53] secretly	[54] barking
[55] gave an account	[56] military marches	[57] stray bullet
[58] turned off	[59] sacrificed himself	[60] break, ruin

MOTS CLÉS
le poste (de radio)   (radio) set

Vocabulaire de la lecture

Mots clés

remettre *to put back*

un agneau *lamb*

un cadran *dial*

tapoter *to tap*

un tas de *many*

un clin d'oeil *a wink*

ronfler *to snore*

le poste (de radio) *(radio) set*

un crayon *pencil*

A. Complétez chaque phrase par le mot clé qui convient le mieux.

1. Quand elle était petite, ma mère écoutait le _____ de radio pour s'endormir.

2. Je ne peux pas partager une chambre avec mon frère, parce

   qu'il _____ trop!

3. Après avoir fait la vaisselle, il a _____ les plats dans l'armoire.

4. Nous mangeons souvent de l'_____ pour le repas de pâques.

5. Il m'a fait un _____ pour me signaler que c'était un secret.

B. Choisissez la meilleure définition pour chaque mot.

_____ **1.** ce qu'on tourne pour allumer la télévision

_____ **2.** plusieurs

_____ **3.** ce que l'on utilise pour écrire

_____ **4.** frapper

a. tapoter

b. un crayon

c. un cadran

d. un tas de

Tu as compris?

1. Qu'est-ce que Nagib apporte à la maison?

_____

_____

2. Selon les frères, comment est-ce que la radio va marcher?

_____

_____

3. Qu'est-ce qui s'est passé à minuit?

_____

_____

4. Qu'est-ce que la mère disait en réponse quand la voix radiophonique disait «Bonsoir»?

_____

_____

5. Qu'est-ce que la mère a apporté à «Monsieur Kteu?» Qu'est-ce qui s'est passé?

_____

_____

Connexion personnelle

Faites un portrait de votre mère ou de votre grand-mère. Comment est-elle? Décrivez un peu sa vie. Est-ce que vous lui avez jamais appris quelque chose de nouveau? Faites un paragraphe dans le cahier à droite.

Avant de lire   *Le loup blanc*

Reading Strategy

ANALYZE TEXT STRUCTURE Writers of fiction present details about characters and setting, and organize information in various ways. Fairy tales follow their own particular structure. Practice analyzing the structure of this fairy tale by reading through the text and answering the questions in the chart below.

Le loup blanc	
En combien de parties est divisé ce conte?	
Quels mots indiquent le début d'une nouvelle partie?	
Résumez l'idée de chaque partie	

What You Need To Know

What we call fairy tales today—magical stories, very few of which involve "fairies"—take their name from the French **contes de fées.** In France, the collecting of fairy tales began in the 17th century. Aimed at adults, these tales have their roots in various oral traditions. Madame d'Aulnoy (1650–1705) told many of the tales in her **salons** *(literary gatherings)* and was perhaps the first to write them down, though it is Charles Perrault (1628–1703), a contemporary of Madame d'Aulnoy, who often gets the most credit for bringing us our most well-loved fairy tales in his book titled *Contes du Temps Passé avec des moralités: Contes de ma mère l'Oye*—or, as we know them today in English, *Tales of Mother Goose.*

A réfléchir...

1. Do you think it was wrong of the father to look for the talking rose? **(Draw Conclusions)**

2. Which of the following best explains the main idea of this tale? **(Identifying Main Idea)**

   ☐ a. Never ask for too much.

   ☐ b. It is wrong to take things that don't belong to you.

   ☐ c. Beware of white wolves.

   ☐ d. It is important to keep your promise.

   ☐ e. Be careful what you ask for.

◄ À MARQUER ► ANALYSE LITTÉRAIRE Fairy tales are often based on the "Magical Rule of Three"—i.e. the main character meets three people on the road, a genie grants three wishes, etc. Read through the story and mark the three promises that determine this story.

READER'S SUCCESS STRATEGY As you read, note all the elements that indicate this is a fairy tale. List them here:

À propos de l'auteur

Né à Rennes, Paul Féval (1816–1887) est un auteur prolifique, qui a écrit des récits fantastiques, des contes et des romans. Il a été souvent inspiré par la culture folklorique de sa région, la Bretagne. Son roman, *Le Club des Phoques*, était situé à Saint-Malo, et a connu un grand succès en 1837. Il est très connu pour son roman-feuilleton *Les mystères de Londres,* qui traite du crime à Londres. Il est aussi l'auteur du roman de cape et d'épée *Le Bossu.*

~~~~~~~~~~

Le loup blanc

Après avoir construit une grande maison, un homme du pays lorrain[1] décida de partir pour un long voyage. Lorsqu'il annonça son départ à ses trois filles, l'aînée[2]
5 lui demanda:

— Père, que me rapporteras-tu de ton voyage?

— Que désires-tu, mon enfant?

— Je voudrais que tu me rapportes une
10 robe **brodée** d'argent.

— Et toi, que désires-tu? demanda le père à la cadette[3].

— Je souhaite que tu me rapportes une robe brodée d'or.

15 — Et toi, mon enfant, que désires-tu? demanda le père à la plus jeune de ses filles, celle des trois qu'il aimait le mieux.

— Je ne désire rien, répondit-elle.

[1] from the region of Lorraine (in Eastern France)
[2] oldest   [3] younger child

MOTS CLÉS
brodé(e) embroidered

20 — Comment, tu ne désires rien?

— Non, mon père, rien.

— Je rapporterai de merveilleuses robes à tes soeurs et je veux à toi aussi faire un cadeau. Dis-moi ce que tu aimerais le mieux.

— Puisque tu insistes, je voudrais que tu 25 m'apportes la rose qui parle.

— La rose qui parle! s'écria le père. Où pourrais-je trouver la rose qui parle?

— C'est la rose qui parle que je veux, rien que cette rose.

30 Le père se mit en route. Il n'eut aucune peine à acheter des robes magnifiques pour ses deux filles aînées, mais lorsqu'il demandait où il pourrait trouver la rose qui parle, on lui répondait qu'il voulait rire et quand il 35 insistait, on lui affirmait qu'il ne trouverait nulle parte au monde cette rose qui parle.

Pourtant, il ne **se décourageait** pas et poursuivit⁴ son voyage. À chaque étape, il questionnait les gens. Et toujours on lui 40 répondait:

— Vous ne trouverez nulle part la rose qui parle.

— Pourtant, disait le voyageur, je suis sûr que cette rose existe. Si elle n'existait 45 pas, ma fille bien-aimée ne me l'aurait pas demandée.

Et il continua à chercher.

---

⁴continued

READING TIP Fairy tales usually take place in a nondescript time ("Once upon a time") in the past. Note the use of the **passé simple** in this tale.

NOTES

MOTS CLÉS
se décourager   to become discouraged

Après avoir voyagé pendant plusieurs mois, il aperçut[5] un jour en haut d'une

50 colline un magnifique château. Lorsqu'il s'en approcha, il entendit un murmure. Il **prêta l'oreille** et entendit un murmure. Il prêta l'oreille et entendit des chants et des rires. Il écouta avec plus d'attention: il lui semblait

55 entendre des jeunes filles parlant avec animation.

Il fit plusieurs fois le tour de château, mais ne put d'abord en trouver l'entrée. Il finit par découvrir une petite porte. Il la poussa,

60 entra dans le château et parcourut[6] les salons et les chambres sans rencontrer âme qui vive. Il arriva enfin dans une cour et aperçut **un rosier** couvert de roses de toutes les couleurs. C'étaient ces roses qui parlaient et c'étaient de

65 ces roses que le voyageur avait entendu parler et chanter. Elles parlaient des rayons de soleil, des reflets de l'eau, des lueurs[7] de l'aube et des mirages du **crépuscule.**

— Enfin, s'écria-t-il tout joyeux, j'ai

70 trouvé les roses qui parlent. Il **s'empressa** de choisir une des plus belles — une rose blanche — en **songeant** à la joie de sa fille bien-aimée.

À peine[8] avait-il **ceuilli** la rose qu'**un loup** blanc s'élança vers lui en criant:

75 — Qui t'a permis d'entrer dans mon château et de cueillir mes roses? Tu seras

---

[5]noticed   [6]searched   [7]lights   [8]hardly

MOTS CLÉS

prêter l'oreille to listen
un rosier rosebush
le crépuscule dusk
s'empresser to hurry

songer to dream
ceuillir to gather
un loup wolf

puni de mort: apprends que tous ceux qui pénètrent dans ce château doivent mourir!

— Laissez-moi la vie, dit le pauvre homme; je vais vous rendre la rose qui parle et je m'en irai.

— Non, non, répondit le loup blanc, tu dois mourir!

— Hélas! soupira[9] le voyageur, ma fille m'a demandé de lui rapporter la rose qui parle, et, quand enfin je l'ai trouvée, il faut mourir.

— Écoute, reprit le loup blanc, je veux bien te faire grâce[10] et, de plus, te permettre de garder la rose, mais à une seule condition: tu m'amèneras[11] la première personne que tu rencontreras lorsque tu reviendras chez toi.

Le pauvre homme promit de faire exactement ce que le loup blanc lui avait demandé et retourna dans son pays. La première personne qu'il aperçut en rentrant chez lui, ce fut sa plus jeune fille, celle qu'il aimait le plus, celle qui lui avait demandé la rose qui parle.

— Ah, ma fille chérie, dit-il en l'apercevant[12], que mon voyage fut triste!

— N'avez-vous donc pas trouvé la rose qui parle? lui demanda-t-elle.

— Si, je l'ai trouvée, mais ce fut pour mon malheur.

---

[9] sighed   [10] show you mercy
[11] bring back   [12] noticing

Et le père raconta à sa fille où et comment il avait trouvé la rose et aussi que le loup blanc l'avait condamné à mourir pour le

110 punir d'avoir pénétré dans le château.

— Je ne veux pas que vous mouriez, dit sa fille. Je mourrai plutôt à votre place.

Et elle lui répéta tant de fois que c'était elle qui devait mourir à sa place qu'enfin il lui

115 dit:

— Eh bien, ma fille, apprends ce que je voulais te cacher. Le loup blanc m'a fait grâce à condition que je lui amène la première personne que je rencontrerai en revenant chez

120 moi. C'est à cette seule condition qu'il m'a laissé la vie sauve[13].

— Mon père, dit-elle, je suis prête à partir. Conduisez-moi[14] vers le loup blanc.

Le père et la fille quittèrent leur maison

125 pour se rendre au château du loup blanc. Après plusieurs jours de marche, ils arrivèrent un soir devant la petite porte du château. Le loup blanc ne tarda pas[15] à paraître.

— Voici la première personne que

130 j'ai rencontrée en rentrant chez moi, dit le voyageur. C'est ma fille bien-aimée, celle qui avait demandé que je lui rapporte la rose qui parle.

— Ne craignez rien. Vous avez tenu

135 votre promesse. Je ne vous ferai aucun mal,

---

[13] safe, intact   [14] Take me   [15] didn't delay

dit le loup blanc, mais il faut que vous ne répétiez jamais à personne ce que vous aurez vu ou entendu dans ce château. Il appartient à des fées[16]. Quant à moi, je suis condamné à
140 être le loup blanc de l'aube[17] au crépuscule. Si vous gardez le secret, vous vous en trouverez bien.

La jeune fille et son père entrèrent dans une grande salle où un magnifique repas était
145 servi. Quand la nuit fut venue, ils virent entrer un jeune et beau seigneur[18], vêtu d'un habit de soie blanche, brodé d'or et d'argent. Il souriait.

— Je suis, dit-il, celui même que vous avez vu sous la forme d'un loup blanc.

150 Il s'assit à leur côtés, partagea leur repas et leur montra, quand la table fut desservie[19], une inscription gravée[20] sur un mur de marbre blanc.

— Lisez ce qui est écrit, s'écria le jeune
155 seigneur, et souvenez-vous-en: Ici on ne parle pas!

Le père et la jeune fille promirent encore une fois de ne rien dire de ce qu'ils avaient vu et entendu dans le château.

160 Après le repas, la jeune fille prit congé[21] et se retira[22] dans la chambre que le beau seigneur lui avait fait choisir. Elle était assise devant son miroir lorsqu'elle vit entrer son hôte. Elle fut très effrayée[23] et poussa un

---

[16] fairies   [17] dawn   [18] Lord
[19] cleared away   [20] engraved   [21] took her leave
[22] retired   [23] horrified

165 grand cri. Il la rassura et lui promit que,
si elle suivait fidèlement ses conseils, il
l'épouserait, qu'elle serait reine et que le
château lui appartiendrait[24]. Mais à l'aube, le
jeune et beau seigneur redevint un loup blanc,
170 et la jeune fille pleurait en entendant ses
hurlements[25].

Après avoir passé la nuit suivante au
château, le père décida de rentrer chez lui.

— Souviens-toi de ta promesse, lui cria
175 le loup blanc, en le voyant s'éloigner[26].

La jeune fille resta au château et ne tarda
pas à s'y plaire[27]. Elle y trouvait tout ce qu'elle
pouvait désirer. Elle entendait chanter les
roses. Elle entendait des concerts de musique.
180 Le beau seigneur, chaque soir, lui demandait
d'exprimer ses moindres[28] désirs pour les
satisfaire.

Quand le père revint chez lui, il
fut accueilli[29] par ses filles aînées qui lui
185 demandèrent:

— Où est notre jeune soeur?

Le père, se souvenant de sa promesse,
refusa de leur répondre.

Mais chaque jour ses filles ne cessaient
190 de l'interroger. Elles l'éveillaient[30] la nuit pour
lui poser cette question:

— Où est notre soeur? Père, dites-nous,
où est notre soeur?

---

[24] would belong to her   [25] howlings   [26] go away
[27] take her pleasure   [28] least   [29] welcomed
[30] woke him

Et elles pleuraient, pleuraient, en
195 reprochant à leur père sa cruauté.

Il finit par leur céder[31] et leur dit que
leur soeur vivait dans un grand château où
fleurissaient des roses qui parlaient.

Les deux soeurs supplièrent[32] leur père
200 de les conduire au château pour rendre visite
à leur soeur. Elles ne lui laissèrent aucun
repos[33] jusqu'à ce qu'il acceptât de les y
conduire.

Dès qu'elles furent arrivées, elles
205 demandèrent à leur soeur de leur dire tout ce
qui s'était passé. Mais fidèle à sa promesse,
elle refusa de leur répondre.

Les soeurs la prièrent, la supplièrent
et allèrent jusqu'à la menacer[34]. La jeune fille
210 résista longtemps. Elle finit cependant par
révéler son secret et celui du loup blanc.

À peine avait-elle fini de parler qu'elles
entendirent des hurlements affreux[35]. La
jeune fille se leva épouvantée[36]. Elle sortit de
215 la chambre. Le loup blanc tomba mort à ses
pieds. Elle comprit alors sa faute, mais il était
trop tard, et elle fut malheureuse pendant tout
le reste de sa vie.

---

[31] giving in [32] begged [33] rest
[34] threaten [35] horrible [36] terrified

CHALLENGE What do you think life was like for the youngest daughter while she was living in the castle? Do you imagine she was happy? Do you think it would have been a satisfying life for her? Why or why not? **(Make Judgments)**

Vocabulaire de la lecture

Mots clés

brodé(e) *embroidered*

se décourager *to become discouraged*

prêter l'oreille *to listen*

un rosier *rosebush*

le crépuscule *dusk*

s'empresser *to hurry*

songer *to dream*

cueillir *to gather*

un loup *wolf*

un voyage *trip*

un pays *country*

A. Complétez chaque phrase par le mot clé qui convient le mieux.

1. Elle a porté une veste _____.

2. Il a fait un long _____ en train.

3. Au _____, le soleil descend dans le ciel.

4. Elle a _____ des fleurs du jardin.

5. Il y a un très beau _____ dans le jardin.

6. Il a voyagé vers un _____ lointain.

B. Choisissez la meilleure définition pour chaque mot.

_____ **1.** une sorte de chien sauvage

_____ **2.** se dépêcher

_____ **3.** rêver

_____ **4.** écouter

_____ **5.** être deçu(e)

a. se décourager

b. un loup

c. prêter l'oreille

d. s'empresser

e. songer

Tu as compris?

1. Qu'est-ce que les deux filles ainées demandent à leur père?

_____

2. Que veut la petite fille?

_____

3. Où est-ce que le père trouve la rose qui parle?

_____

4. Qu'est-ce que le loup a demandé à l'homme en lui faisant grâce de sa vie?

_____

5. Pourquoi est-ce que le loup meurt à la fin?

_____

Connexion personnelle

Imaginez que vous êtes la fille dans l'histoire. Faites une description d'une journée typique. Utilisez le cahier à droite.

Avant de lire   *C'est papa qui décide*

Reading Strategy

MAKE INFERENCES ABOUT LITERATURE An inference is a logical conclusion based on evidence. It is often called "reading between the lines." Readers make inferences based on information given in the text and their own experience. You can make inferences about character, plot, setting, theme, and other aspects of the story. Practice making inferences as you read *C'est papa qui décide* to discover the meanings beyond the characters' spoken words. In the chart below, record lines of dialogue that seem especially meaningful. Then explain what you think these remarks mean.

Le dialogue	La conclusion

What You Need To Know

In this excerpt from *Les vacances du Petit Nicolas* by René Goscinny and Jean-Jacques Sempé, Nicolas recounts a scene in which his father tries to pick the vacation spot for the family. His father has selected a villa in the Midi, or South of France, where many French go for vacation. His mother, on the other had, prefers to go to la Bretagne, a region of Northwestern France that is known for its rugged coastlines, its many islands, its fishing industry and a strong tradition of folklore dating back to the Celts.

À propos de l'auteur

Les divers albums relatant les aventures du Petit Nicolas sont le produit de la collaboration d'un illustrateur et d'un écrivain. Jean-Jacques Sempé (né en 1932), l'illustrateur, a collaboré à de nombreux magazines. Il est aussi le père d'un fils qui s'appelle… Nicolas. René Goscinny (1926-1977), l'écrivain, a créé d'autres personnages très célèbres en France comme Astérix et le cow-boy Lucky Luke.

~~~~~~~~

C'est papa qui décide

Tous les ans, c'est-à-dire le dernier et l'autre, parce qu'avant c'est trop vieux et je ne me rappelle pas, Papa et Maman se disputent[1] beaucoup pour savoir où aller en vacances, et
5 puis Maman se met à pleurer et elle dit qu'elle va aller chez sa maman, et moi je pleure aussi parce que j'aime bien Mémé, mais chez elle il n'y a pas de plage, et à la fin on va où veut Maman et ce n'est pas chez Mémé.

10 Hier, après le dîner, Papa nous a regardés, l'air fâché et il a dit:

— Écoutez-moi bien! Cette année, je ne veux pas de discussions, c'est moi qui décide! Nous irons dans le Midi[2]. J'ai l'addresse d'une
15 villa à louer à Plage-les-Pins. Trois pièces, eau courante[3], électricité. Je ne veux rien savoir pour aller à l'hôtel et manger de la nourriture minable[4].

---

[1] argue
[2] the South of France
[3] running water
[4] bad

A réfléchir…

1. All of the following are true about Nicolas and his parents except: **(Clarify)**

☐ They like to go away on vacation.

☐ Nicolas' mother usually picks the location for their vacation.

☐ This time, Nicolas' mother is happy to let the father choose where they'll spend vacation.

☐ Nicolas is nervous about going underwater fishing with his father.

ⅢÀ MARQUER⟩ ANALYSE LITTÉRAIRE *Irony* occurs when words convey the opposite of what they intend. Explain why the title of this selection is *ironic*. Then, underline a passage in the text where the speaker is being ironic.

_____

_____

_____

_____

_____

_____

_____

_____

20 — Eh bien, mon chéri, a dit Maman, ça me paraît une très bonne idée.

— Chic! j'ai dit et je me suis mis à courir autour de la table parce que quand on est content, c'est dur de rester assis.

Papa, il a ouvert des grands yeux, 25 comme il fait quand il est étonné, et il a dit: «Ah? Bon.»

Pendant que Maman **débarrassait** la table, Papa est allé chercher son masque de **pêche sous-marine** dans le placard.

30 — Tu vas voir, Nicolas, m'a dit Papa, nous allons faire des **parties de pêche** terribles, tous les deux.

Moi, ça m'a fait un peu peur, parce que je ne sais pas encore très bien nager; si 35 on me met bien sur l'eau je fais la planche, mais Papa m'a dit de ne pas m'inquiéter, qu'il allait m'apprendre à nager et qu'il avait été champion interrégional de nage libre quand il était plus jeune, et qu'il pourrait encore battre 40 des records s'il avait le temps de **s'entraîner**.

— Papa va m'apprendre à faire de la pêche sous-marine! j'ai dit à Maman quand elle est revenue de la cuisine.

— C'est très bien, mon chéri, m'a 45 répondu Maman, bien qu'en Méditerranée il paraît qu'il n'y a plus beaucoup de poissons. Il y a trop de **pêcheurs**.

MOTS CLÉS

débarasser (la table) to clear (the table)
la pêche sous-marine underwater fishing

une partie de pêche fishing trip
s'entraîner to practice
un pêcheur fisherman

— C'est pas vrai! a dit Papa; mais
Maman lui a demandé de ne pas la contredire[5]
50 devant le petit et que si elle disait ça, c'est
parce qu'elle l'avait lu dans un journal ; et
puis elle s'est mise à son tricot, un tricot
qu'elle a commencé ça fait des tas de jours.

— Mais alors, j'ai dit à Papa, on va avoir
55 l'air de deux **guignols** sous l'eau, s'il n'y a pas
de poissons!

Papa est allé remettre le masque dans
le placard sans rien dire. Moi, j'étais pas
tellement content: c'est vrai, chaque fois qu'on
60 va à la pêche avec Papa c'est la même chose,
on ne ramène rien. Papa est revenu et puis il a
pris son journal.

— Et alors, j'ai dit, des poissons pour la
pêche sous-marine, il y en a où?

65 — Demande à ta mère, m'a répondu
Papa, c'est une experte.

— Il y en a dans l'Atlantique, mon chéri,
m'a dit Maman.

...

Alors, moi je me suis mis à pleurer,
70 parce que c'est vrai ça, c'est pas drôle d'aller
à une mer où il n'y a pas de poissons, alors
que pas loin il y a les Atlantiques où c'en est[6]
plein. Maman a laissé son tricot, elle m'a pris
dans ses bras et elle m'a dit qu'il ne fallait
75 pas être triste à cause des **vilains** poissons

---

[5] contradict   [6] there are plenty of (fish)

et que je serai bien content tous les matins quand je verrai la mer de la fenêtre de ma jolie chambre.

80 — C'est-à-dire, a expliqué Papa, que la mer on ne la voit pas de la villa. Mais elle n'est pas très loin, à deux kilomètres. C'est la dernière villa qui restait à louer à Plage-les-Pins.

85 — Mais bien sûr, mon chéri, a dit Maman. Et puis elle m'a embrassé et je suis allé jouer sur le tapis avec les deux billes[7] que j'ai gagnées à Eudes à l'école.

— Et la plage, c'est des **galets?** a demandé Maman.

90 — Non, madame! Pas du tout! a crié Papa tout content. C'est une plage de sable! De sable très fin! On ne trouve pas un seul galet sur cette plage!

— Tant mieux, a dit Maman; comme
95 ça, Nicolas ne passera pas son temps à faire ricocher des galets sur l'eau. Depuis que tu lui as appris à faire ça, c'est une véritable passion chez lui.

— Moi je veux faire des ricochets! j'ai
100 crié.

— Tu en feras peut-être l'année prochaine, m'a dit Maman, si Papa décide de nous emmener à Bains-les-Mers.

— Où ça? a demandé Papa, qui est resté
105 avec la bouche overte.

---

[7] marbles

MOTS CLÉS
un galet   pebble

— À Bains-les-Mers, a dit Maman, en Bretagne, là où il y a l'Atlantique, beaucoup de poissons et un gentil petit hôtel qui donne sur une plage de sable et de galets.

110   — Moi je veux aller à Bains-les-Mers! j'ai crié. Moi je veux aller à Bains-les-Mers!

— Mais, mon chéri, a dit Maman, il faut être raisonnable, c'est Papa qui décide.

Papa s'est passé la main sur la figure, il
115 a **poussé un** gros **soupir** et il a dit:

— Bon, ça va! j'ai compris. Il s'appelle comment ton hôtel?

— Beau-Rivage, mon chéri, a dit Maman.

120   Papa a dit que bon, qu'il allait écrire pour voir s'il restait encore des chambres.

— Ce n'est pas la peine, mon chéri, a dit Maman, c'est déjà fait. Nous avons la chambre 29, face à la mer, avec salle de bains.

125   Et Maman a demandé à Papa de ne pas bouger parce qu'elle voulait voir si la longueur du pull-over qu'elle tricotait était bien. Il paraît que les nuits en Bretagne sont un peu **fraîches**.

MOTS CLÉS
pousser un soupir to heave a sigh   **frais (fraîche)** cool

Vocabulaire de la lecture

Mots clés

débarrasser (la table) *to clear (the table)*
la pêche sous-marine *underwater fishing*
une partie de pêche *fishing trip*
s'entraîner *to practice*
un pêcheur *fisherman*
un guignol *puppet*

vilain(e) *nasty*
un galet *pebble*
pousser un soupir *to heave a sigh*
frais (fraîche) *cool*
une chambre avec salle de bains *room with a bathroom*

A. Complétez chaque phrase par le mot clé qui convient le mieux.

1. J'aime être confortable dans un hôtel… je demande toujours

   une _____.

2. On met un masque pour faire de la _____.

3. C'est une plage qui n'est pas de sable mais qui a des _____.

4. Il s'est énervé et a _____.

5. Si on veut devenir un bon athlète, il faut _____ beaucoup.

B. Choisissez la meilleure définition pour chaque mot.

_____ **1.** ce qu'on fait après un repas pour nettoyer

_____ **2.** un voyage en mer pour attraper des animaux qui y vivent

_____ **3.** mauvais

_____ **4.** pas chaud

_____ **5.** qui fait rire les petits enfants

a. un guignol

b. vilain

c. frais

d. débarrasser la table

e. une partie de pêche

Tu as compris?

1. Où est-ce que le papa de Nicolas veut aller en vacances?

_____

2. Selon la mère de Nicolas, qu'est-ce qui ne va pas avec la Méditerranée? Pourquoi?

_____

3. Comment est la plage à Plage-les-Pins?

_____

4. Où est Bain-les-Mers?

_____

5. Pourquoi est-ce que la mère de Nicolas tricote un pull-over?

_____

Connexion personnelle

Décrivez les vacances idéales selon vous. Voulez-vous aller au bord de la mer? À la montagne? Qu'est-ce que vous aimez faire en vacances? Où est-ce que vous logez? Faites votre description dans le cahier à droite.

Mes vacances idéales

Avant de lire   *La gym*

Reading Strategy

COMPARE AND CONTRAST Using the Venn diagram below, compare
the character of Nicolas with another child character you've read
about. In what way(s) is Nicolas typical of other children you've read
about? In what ways is he unique? Label the diagram with your chosen
character's name.

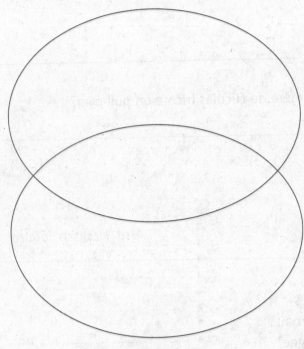

Petit Nicolas

What You Need To Know

In France, as in the United States, many hotels offer special activities just for
children, like the one described here in another selection from *Les vacances
du Petit Nicolas* by René Goscinny and Jean-Jacques Sempé. Nicolas tells the
story of an exercise teacher who tries to organize activities for the children
in the vacation spot where Nicolas and his parents are staying.

À propos de l'auteur

Les divers albums relatant les aventures du Petit Nicolas sont le produit de la collaboration d'un illustrateur et d'un écrivain. Jean-Jacques Sempé (né en 1932), l'illustrateur, a collaboré à de nombreux magazines. Il est aussi le père d'un fils qui s'appelle… Nicolas. René Goscinny (1926-1977), l'écrivain, a créé d'autres personnages très célèbres en France comme Astérix et le cow-boy Lucky Luke.

~~~~~~~~~

La gym

Hier, on a eu un nouveau professeur de gymnastique.

— Je m'appelle Hector Duval, il nous a dit, et vous?

5   — Nous pas, a répondu Fabrice, et ça, ça nous a fait **drôlement** rigoler.

J'étais sur la plage avec tous les copains de l'hôtel, Blaise, Fructueux, Mamert, qu'il est bête celui-là! Irénée, Fabrice et Côme. Pour

10   la leçon de gymnastique, il y avait des tas d'autres types; mais ils sont de l'hôtel de la Mer et de l'hôtel de la Plage et nous, ceux du Beau-Rivage, on ne les aime pas.

— Le professeur, quand on a fini de

15   rigoler, il a **plié ses bras** et ça a fait deux gros tas de muscles.

— Vous aimeriez avoir des biceps comme ça? a demandé le professeur.

MOTS CLÉS
drôlement   really   **plier les bras**   to fold one's arms

A réfléchir…

1. Next to each sentence, write the numbers 1, 2, 3, 4 or 5 to show the order of events. **(Chronological order)**

_____ One of the kids insulted the hotel Beau-Rivage.

_____ Hector Duval kicked his whistle.

_____ Mamert was the only one to race.

_____ Jules Martin showed up to work with the children.

_____ Fructueux said he didn't like the way muscles looked.

2. Do you think the new teacher, Jules Martin, will last long? Why or why not? **(Predict)**

_____

_____

[|||À MARQUER⟩⟩ **ANALYSE LITTÉRAIRE** Authors develop *character* by showing the characters in action, by their speech and inner thoughts, by narrative descriptions, by revealing the thoughts and observations of characters around them. Underline some words that reveal character. Write them here: What do they reveal?

_____

_____

_____

_____

READING TIP As with all the Petit Nicolas stories, there is a lot of dialogue. Focus on the different voices you hear when you read. How do you imagine each of the children? Picture them in your head as you read.

READER'S SUCCESS STRATEGY Because the author doesn't use quotation marks for the dialogue, figuring out which words make up the dialogue and which words are the dialogue "tags" can be confusing. Read through the selection and highlight only the actual words that would be spoken out loud.

— Bof, a répondu Irénée.

20 — Moi, je ne trouve pas ça joli, a dit Fructueux, mais Côme a dit qu'après tout, oui, pourquoi pas, il aimerait bien avoir des **trucs** comme ça sur les bras pour **épater** les copains à l'école. Côme, il m'énerve, il veut toujours se

25 montrer. Le professeur a dit:

— Eh bien, si vous êtes sages et vous suivez bien les cours de gymnastique, à la rentrée, vous aurez tous des muscles comme ça.

On **s'est mis en rang** et le professeur

30 nous a dit qu'il allait nous montrer ce que nous devions faire pour avoir des tas de muscles partout. Il a levé les bras et puis il les a baissés, il les a levés et il les a baissés, il les a levés et un des types de l'hôtel de la Mer nous

35 a dit que notre hôtel était **moche.**

— C'est pas vrai, a crié Irénée, il est rien chouette notre hôtel, c'est le vôtre qui est drôlement laid!

— Dans le nôtre, a dit un type de l'hôtel

40 de la Plage, on a de la glace au chocolat tous les soirs!

— Bah! a dit un de ceux de l'hôtel de la Mer, nous, on en a à midi aussi et jeudi il y avait des crêpes à la confiture!

45 — Mon papa, a dit Côme, il demande toujours des suppléments, et le patron de l'hôtel lui donne tout ce qu'il veut!

MOTS CLÉS

un truc	thing, stuff	**se mettre en rang**	to get in a row
épater	to amaze	**moche**	ugly, bad

— **Menteur,** c'est pas vrai! a dit un type de l'hôtel de la Plage.

50 — Ça va continuer longtemps, votre petite conversation? a crié le professeur de gymnastique, qui ne bougeait plus les bras parce qu'il les avait croisés. Ce qui bougeait drôlement, c'étaient ses trous de nez, mais je

55 ne crois pas que c'est un faisant ça qu'on aura des muscles.

Le professeur s'est passé une main sur la figure et puis il nous a dit qu'on verrait plus tard pour les mouvements de bras, qu'on

60 allait faire des jeux pour commencer. Il est chouette, le professeur!

— Nous allons faire des courses, il a dit. Mettez-vous en rang, là. Vous partirez au **coup de sifflet.** Le premier arrivé au

65 parasol, là-bas, c'est le **vainqueur.** Prêts? et le professeur a donné un coup de sifflet. Le seul qui est parti, c'est Mamert, parce que nous, on a regardé le **coquillage** que Fabrice avait trouvé sur la plage, et Côme nous a expliqué

70 qu'il en avait trouvé un beaucoup plus grand l'autre jour et qu'il allait l'offrir à son papa.... Alors, le professeur a jeté son sifflet par terre et il a donné des tas de coups de pied dessus. La dernière fois que j'ai vu quelqu'un d'aussi

75 fâché que ça, c'est à l'école, quand Agnan, qui est le premier de la classe et le **chouchou**

MOTS CLÉS

une(e) menteur(-euse)	liar	un vainqueur	winner
un coup de sifflet	whistle blow	le coquillage	shell
		le chouchou	pet, darling

de la maîtresse, a su qu'il était second à la composition d'arithmétique.

80 — Est-ce que vous allez vous décider à m'obéir? a crié le professeur.

— Ben quoi, a dit Fabrice, on allait partir pour votre course, m'sieur, y a rien qui presse.

Le professeur a fermé les yeux et les poings, et puis il a levé ses trous de nez qui 85 bougeaient, vers le ciel. Quand il a redescendu la tête, il s'est mis à parler très lentement et très doucement.

...

— Bien. Nous allons passer au jeu suivant. Tout le monde face à la mer. Au 90 signal, vous allez tous à l'eau! Prêts? Partez!

Ça, ça nous plaisait bien, ce qu'il y a de mieux à la plage, avec le sable, c'est la mer. On a courut drôlement et l'eau était chouette et on **s'est éclaboussés** les uns les autres et on 95 a joué à sauter avec les vagues et Côme criait:

«Regardez-moi! Regardez-moi! Je fais du crawl!» et quand on s'est retournés, on a vu que le professeur n'était plus là.

Et aujourd'hui, on a eu un nouveau 100 professeur de gymnastique.

— Je m'appelle Jules Martin, il nous a dit, et vous?

MOTS CLÉS
s'éclabousser to splash each other

Vocabulaire de la lecture

Mots clés

drôlement *really*

plier les bras *to fold one's arms*

un truc *thing, stuff*

épater *to amaze*

se mettre en rang *to get in a row*

moche *ugly, bad*

une(e) menteur(-euse) *liar*

un coup de sifflet *whistle blow*

un vainqueur *winner*

le coquillage *shell*

le chouchou *pet, darling*

s'éclabousser *to splash each other*

A. Complétez chaque phrase par le mot clé qui convient le mieux.

1. Avant d'entrer au musée, les enfants _____ pour être comptés.

2. C'est celui que le prof aime le mieux... il est le _____.

3. À la plage, les enfants _____ en criant à haute voix.

4. C'est un film extraordinaire... j'ai été _____ par les scènes de fantaisie.

5. J'ai besoin de ramasser *(gather up)* mes _____ pour aller chez moi.

B. Écrivez le mot clé dont le sens est le plus proche du contraire du mot ou de l'expression donnés.

_____ 1. celui qui perd

_____ 2. pas trop

_____ 3. quelqu'un qui dit la vérité

_____ 4. beau

_____ 5. étendre les bras

a. menteur

b. moche

c. le vainqueur

d. plier les bras

e. drôlement

Tu as compris?

1. Comment s'appelle le premier nouveau professeur de gymnastique?

_____

2. Qu'est-ce qu'il veut enseigner aux enfants?

_____

3. Qu'est-ce qu'il a décidé à faire au lieu de montrer aux enfants les mouvements de bras?

_____

4. Qui était le seul à courir?

_____

5. Finalement, qu'est-ce que le prof de gymnastique a fait avec les enfants?

_____

Connexion personnelle

Qu'est-ce que vous aimiez faire quand vous étiez petit(e)? Aimiez-vous participer aux sports? Ou au jeux organisés? Est-ce que vous préfériez inventer des jeux? Décrivez un souvenir de votre enfance en expliquant comment vous aimiez jouer. Utilisez le cahier à droite.

Mon enfance

_____

_____

_____

_____

_____

_____

_____

_____

_____

_____

_____

Avant de lire *En attendant Godot*

Reading Strategy

PREDICT Based solely on the title, what do you predict that this reading will be about? How will the play resolve itself in the end? Write your prediction here. Then, read the excerpt from the play and say whether your prediction turned out to be true.

Prediction	
Was your prediction accurate?	

What You Need To Know

This unit's selection is an excerpt from Samuel Beckett's *En Attendant Godot (Waiting for Godot)* that occurs about mid-way through the first act. Estragon and Vladimir are two bums who have come to wait for someone named Monsieur Godot. They wait, as instructed, by a tree. In the play, Godot never appears. The audience is never told why Estragon and Vladimir are waiting for Godot, nor is their relationship with Godot explained. The play is in two acts; the only other characters are Pozzo and Lucky, a man and his slave whom Estragon and Vladimir meet at the end of Act 1; and a boy who appears at the end of each act to announce that Godot isn't coming.

A réfléchir...

1. The setting for the play is a muddy plateau with one tree. What might be the reason for having such a sparse setting? **(Draw Conclusions)**

2. How would you describe the conversation between Estragon and Vladimir? **(Make Judgments)**

[||||||**À MARQUER**⟩ **ANALYSE LITTÉRAIRE** *En attendant Godot* is labeled as a *tragicomedy*. As you read, notice where the author uses humor and underline them. At the end of the selection, see if you can figure out why the play might also be tragic. Write your ideas here:

À propos de l'auteur

Né en Irlande en 1906, Samuel Beckett (1906–1989) est rapidement venu travailler et vivre à Paris. Son oeuvre est diverse et abondante. Il obtiendra en 1969 le prestigieux Prix Nobel de littérature. On dit qu'il écrivait pour un théâtre de l'absurde dans une langue simple qui touchait cependant à l'essentiel.

〰〰〰

En attendant Godot

Acte premier

ESTRAGON Endroit délicieux. (*Il se retourne, avance jusqu'à la rampe, regarde vers le public.*) Aspects **riants.** (*Il se tourne vers Vladimir.*) Allons-nous-en.

5   VLADIMIR On ne peut pas.

      ESTRAGON Pourquoi?

      VLADIMIR On attend Godot.

      ESTRAGON C'est vrai. (*Un temps.*) Tu es sûr que c'est ici?

10   VLADIMIR Quoi?

      ESTRAGON Qu'il faut attendre.

      VLADIMIR Il a dit devant l'arbre. (*Ils regardent l'arbre.*) Tu en vois d'autres?

15   ESTRAGON Qu'est-ce que c'est?

      VLADIMIR On dirait un **saule.**

      ESTRAGON Où sont les feuilles?

MOTS CLÉS
riant(e) cheerful, pleasant   **un saule** willow

	VLADIMIR	Il doit être mort.
	ESTRAGON	Finis les pleurs.
20	VLADIMIR	À moins que ce ne soit pas la saison.
	ESTRAGON	Ce ne serait pas plutôt un arbrisseau?
	VLADIMIR	Un arbuste.
25	ESTRAGON	Un **arbrisseau.**
	VLADIMIR	Un — (*il se reprend*). Qu'est-ce que tu veux insinuer? Qu'on s'est trompé d'endroit?
	ESTRAGON	Il devrait être là.
30	VLADIMIR	Il n'a pas **dit ferme** qu'il viendrait.
	ESTRAGON	Et s'il ne vient pas?
	VLADIMIR	Nous reviendrons demain.
	ESTRAGON	Et puis après-demain.
35	VLADIMIR	Peut-être.
	ESTRAGON	Et ainsi de suite.
	VLADIMIR	C'est-à-dire...
	ESTRAGON	Jusqu'à ce qu'il vienne.
	VLADIMIR	Tu es **impitoyable.**
40	ESTRAGON	Nous sommes déjà venus hier.
	VLADIMIR	Ah non, là tu **te goures.**
	ESTRAGON	Qu'est-ce que nous avons fait hier?
	VLADIMIR	Ce que nous avons fait hier?
45	ESTRAGON	Oui.

MOTS CLÉS

un arbrisseau shrub
dire ferme to say for sure

impitoyable merciless
se gourer to goof up

VLADIMIR   Ma foi... *(Se fâchant.)* Pour jeter le doute[1], à toi le pompon[2].

ESTRAGON   Pour moi, nous étions ici.

VLADIMIR   *(regard circulaire).* L'endroit te
50   semble familier?

ESTRAGON   Je ne dis pas ça.

VLADIMIR   Alors?

ESTRAGON   Ça n'empêche pas.

VLADIMIR   Tout de même... cet arbre... *(se*
55   *tournant vers le public)...* cette
tourbière.

ESTRAGON   Tu es sûr que c'était ce soir?

VLADIMIR   Quoi?

ESTRAGON   Qu'il fallait attendre?

60   VLADIMIR   Il a dit samedi. *(Un temps.)* Il
me semble.

ESTRAGON   Après le turbin[3].

VLADIMIR   J'ai dû le noter. *(Il fouille[4] dans*
ses poches, archibondées[5] de
65   *saletés de toutes sortes.)*

ESTRAGON   Mais quel samedi? Et sommes-
nous samedi? Ne serait-on pas
plutôt dimanche? Ou lundi?
Ou vendredi?

70   VLADIMIR   *(regardant avec affolement autour*
de lui, comme si la date était
inscrite dans le paysage). Ce
n'est pas possible.

---

[1] create doubt   [2] there's nobody like you
[3] after work   [4] searches
[5] chock-a-block full

MOTS CLÉS
une tourbière   peat bog

ESTRAGON   Ou jeudi.

75   VLADIMIR   Comment faire?

ESTRAGON   S'il s'est dérangé pour rien hier soir, tu penses bien qu'il ne viendra pas aujourd'hui.

VLADIMIR   Mais tu dis que nous sommes 80   venus hier soir.

ESTRAGON   Je peux me tromper. *(Un temps.)* Taisons-nous un peu, tu veux?

VLADIMIR   *(faiblement).* Je veux bien.
85   *(ESTRAGON se rassied. Vladimir* **arpente** *la scène avec agitation, s'arrête de temps en temps pour* **scruter** *l'horizon. ESTRAGON s'endort. Vladimir* 90   *s'arrête devant ESTRAGON.)* Gogo… *(Silence.)* Gogo… *(Silence.)*

MOTS CLÉS

arpenter   to pace up and down   **scruter**   to scrutinize, examine

Vocabulaire de la lecture

Mots clés

riant(e) *cheerful, pleasant*

un saule *willow*

un arbrisseau *shrub*

dire ferme *to say for sure*

impitoyable *merciless*

se gourer *to goof up*

une tourbière *peat bog*

arpenter *to pace up and down*

scruter *to scutinize, examine*

devant *in front of*

A. Complétez chaque phrase par le mot clé qui convient le mieux.

1. Il ne pardonne jamais rien, il est _____.

2. Ne va pas dans cette forêt... il y a une _____ que je n'aime pas du tout!

3. Il était très impatient et _____ le salon.

4. Il nous a dit de l'attendre _____ le cinéma.

5. Un petit arbre s'appelle un _____.

B. Choisissez la meilleure définition pour chaque mot.

_____ **1.** agréable

_____ **2.** regarder de près

_____ **3.** se tromper

_____ **4.** dire d'un ton très sûr

a. scruter

b. dire ferme

c. se gourer

d. riant

Tu as compris?

1. Où est-ce que Vladimir et Estragon attendent Godot?

_____

2. Quel sorte d'arbre est-ce?

_____

3. Comment est l'arbre?

_____

4. Qu'est-ce que les deux amis feront si Godot ne vient pas?

_____

Connexion personnelle

Décrivez un moment où vous attendiez quelqu'un. Comment passiez-vous le temps? Aviez-vous peur? Aviez-vous de la patience? Utilisez le cahier à droite pour écrire votre histoire.

Avant de lire   *Le bourgeois gentilhomme*

Reading Strategy

INTERPRET A DRAMA Reading a play requires the interpretation of characters, their motivations, movements, and gestures. In a novel, those elements are often described. Imagine yourself as the director of *Le bourgeois gentilhomme.* First, read the entire selection; then read the lines of each character separately, ignoring all others. How would you advise each actor to play his role?

Comment jouer le rôle...	
du Maître de Philosophie	
de M. Jourdain	

What You Need To Know

Le bourgeois gentilhomme is a **comédie-ballet,** written by Molière with music composed by Jean-Baptiste Lully (1632–1687). It was commissioned by King Louis XIV for a performance at the château of Chambord in the fall of 1670. In the play, Monsieur Jourdain, a middle-class merchant, hires various teachers to help him learn how to become a gentleman. The selection for this unit is an excerpt from Act II, Scene 4 and is known as "The Philosophy Lesson."

À propos de l'auteur

Jean-Baptiste Poquelin dit 'Molière' (1622–1673) reste l'un des auteurs les plus célèbres du siècle classique français (XVIIème siècle). Ses comédies font encore rire le monde entier aujourd'hui, alors qu'elles décrivent les travers *(faults)* et les petitesses *(pettiness)* des gens de son siècle. Dans ses pièces pour le théâtre, il s'attaque surtout aux puissants, aux grands et aux nobles qu'il n'hésite pas à tourner en ridicule *(ridicule)*, alors qu'il respecte, tout en s'en moquant gentiment, la simplicité et le bon sens des petites gens, servantes et filles de ferme. Ses portaits sont pourtant universels. Il travaille comme tous les grands artistes de son temps, pour le Roi qui vit à Versailles, et il fait partie de la Cour dont il sait, en même temps, se moquer et se méfier *(to mistrust)*. Mais une partie de sa carrière est consacrée au théâtre populaire. Il passera de ville en ville et de village en village, avec sa troupe de comédiens, *l'Illustre Théâtre,* pour amuser et distraire tous les publics, des plus humbles aux plus éduqués. C'est en scène qu'il mourra en jouant l'une de ses pièces et en incarnant l'un de ses personnages, *le Malade imaginaire.* Cette mort sera reconnue comme un symbole de sa dévotion à la scène et à son public.

~~~~~~~~~~

Le bourgeois gentilhomme

ACTE II, SCÈNE IV

MAÎTRE DE PHILOSOPHIE,
MONSIEUR JOURDAIN

MAÎTRE DE PHILOSOPHIE	*En raccommodant[1] son* **collet.** Venons à notre leçon…. Que voulez-vous donc que je vous apprenne?
5 MONSIEUR JOURDAIN	Apprenez-moi **l'orthographe.**

---
[1] mending

MOTS CLÉS
un collet collar   l'orthographe spelling

A réfléchir…

1. How would you describe the attitude of the Maître de Philosophie toward M. Jourdain? (**Make Judgments**)

2. Compare the characters of the Maître de Philosophie and M. Jourdain. How are they alike? How are they different? (**Compare and Contrast**)

MAÎTRE DE PHILOSOPHIE	Très volontiers.
MONSIEUR JOURDAIN	Après, vous m'apprendrez l'almanach[2], pour savoir quand il y a de la lune et quand il n'y en a point.
MAÎTRE DE PHILOSOPHIE	Soit. Pour bien suivre votre pensée et traiter cette matière en philosophe, il faut commencer, selon l'ordre des choses, par une exacte connaissance de la nature des lettres et de la différente manière de les prononcer toutes. Et là-dessus j'ai à vous dire que les lettres sont divisées en voyelles, ainsi dites voyelles parce qu'elles expriment les voix; et en consonnes, ainsi appelées consonnes parce qu'elles sonnent avec les voyelles, et ne font que marquer les diverses articulations des voix. Il y a cinq voyelles ou voix: A, E, I, O, U.
MONSIEUR JOURDAIN	J'entends tout cela.
MAÎTRE DE PHILOSOPHIE	La voix A se forme en ouvrant fort la bouche: A.
MONSIEUR JOURDAIN	A, A, oui.
MAÎTRE DE PHILOSOPHIE	La voix E se forme en rapprochant la mâchoire d'en

10

15

20

25

30

35

---

[2] almanac (popular calendar)

	bas de celle d'en haut: A, E.
MONSIEUR JOURDAIN	A, E; A, E. Ma foi, oui. Ah! que cela est beau!
40 MAÎTRE DE PHILOSOPHIE	Et la voix I, en rapprochant encore davantage les **mâchoires** l'une de l'autre, et **écartant** les deux coins de la bouche vers les oreilles: 45 A, E, I.
MONSIEUR JOURDAIN	A, E, I, I, I, I. Cela est vrai. Vive la science!
MAÎTRE DE PHILOSOPHIE	La voix O se forme en rouvrant les mâchoires et 50 rapprochant les lèvres par les deux coins, le haut et le bas: O.

MONSIEUR JOURDAIN 55	O, O. Il n'y a rien de plus juste. A, E, I, O, I, O. Cela est admirable! I, O, I, O.
MAÎTRE DE PHILOSOPHIE	L'ouverture de la bouche fait justement comme un petit rond qui représente un O.
MONSIEUR JOURDAIN 60	O, O, O. Vous avez raison. O. Ah! la belle chose que de savoir quelque chose!

MAÎTRE DE PHILOSOPHIE	La voix U se forme en **rapprochant** les dents sans les joindre entièrement, et 65 **allongeant** les deux lèvres en dehors, les approchant aussi l'une de l'autre sans les joindre tout à fait: U.

À MARQUER **ANALYSE LITTÉRAIRE** *Le bourgeois gentilhomme* is a *satire.* Satires are humorous critiques of behavior, attitudes, follies and vices in order to expose them and inspire change. In the boxed text, mark an example of the use of satire. Explain your choice here;

_____

_____

_____

_____

_____

_____

_____

READING TIP Read some lines aloud, alone or with a partner. Try to imagine how you would portray these characters on stage. What words would you stress? What body movements would you use?

_____

_____

_____

_____

_____

_____

_____

_____

_____

_____

MOTS CLÉS
une mâchoire jaw
écarter to spread

rapprocher to bring together
allonger to stretch out

70	MONSIEUR JOURDAIN	U, U. Il n'y a rien de plus véritable, U.
	MAÎTRE DE PHILOSOPHIE	Vos deux lèvres s'allongent comme si vous faisiez la moue, d'où vient que, si vous la voulez faire à quelqu'un et vous moquer de lui, vous ne sauriez lui dire que U.
75		
	MONSIEUR JOURDAIN	U, U. Cela est vrai. Ah! que n'ai-je étudié plus tôt pour savoir tout cela!
80	MAÎTRE DE PHILOSOPHIE	Demain nous verrons les autres lettres, qui sont les consonnes.
	MONSIEUR JOURDAIN	Est-ce qu'il y a des choses aussi curieuses qu'à celles-ci?
85	MAÎTRE DE PHILOSOPHIE	Sans doute. La consonne D, par exemple, se prononce en donnant du bout de la langue au-dessus des dents d'en haut: DA.
90	MONSIEUR JOURDAIN	DA, DA. Oui. Ah! les belles choses! les belles choses!
	MAÎTRE DE PHILOSOPHIE	L'F, en **appuyant** les dents d'en haut sur la lèvre de dessous: FA.
95	MONSIEUR JOURDAIN	FA, FA. C'est la verité.
	MAÎTRE DE PHILOSOPHIE	Et l'R, en portant le bout de la langue jusqu'au haut du **palais;** de sorte, qu'étant **frôlée** par l'air qui sort avec force, elle lui cède et revient
100		

MOTS CLÉS

appuyer to press
le palais palate

frôler to brush against

toujours au même endroit, faisant une manière de tremblement: R, ra.

105 **MONSIEUR JOURDAIN** R, r, ra. R, r, r, r, r, ra. Cela est vrai. Ah! l'**habile** homme que vous êtes! et que j'ai perdu de temps! R, r, r, ra.

MAÎTRE DE PHILOSOPHIE Je vous expliquerai à fond toutes ces curiosités.

110 **MONSIEUR JOURDAIN** Je vous en prie. Au reste, il faut que je vous fasse une confidence. Je suis amoureux d'une personne de grande qualité, et je souhaiterais que 115 vous m'aidassiez à lui écrire quelque chose dans un petit **billet** que je veux laisser tomber à ses pieds.

MAÎTRE DE PHILOSOPHIE Fort bien.

120 **MONSIEUR JOURDAIN** Cela serait gallant[3], oui.

MAÎTRE DE PHILOSOPHIE Sans doute. Sont-ce des vers que vous lui voulez écrire?

MONSIEUR JOURDAIN Non, non, point de vers.

125 **MAÎTRE DE PHILOSOPHIE** Vous ne voulez que de la prose?

MONSIEUR JOURDAIN Non, je ne veux ni prose ni vers.

MAÎTRE DE PHILOSOPHIE Il faut bien que ce soit l'un ou l'autre.

---

[3] *galant* (courtly)

MOTS CLÉS
habile skilful, clever   **un billet** note

NOTES

130 | MONSIEUR JOURDAIN | Pourquoi?

MAÎTRE DE PHILOSOPHIE | Par la raison, monsieur, qu'il n'y a pour s'exprimer que la prose ou les vers.

135 | MONSIEUR JOURDAIN | Il n'y a que la prose ou les vers?

MAÎTRE DE PHILOSOPHIE | Non, monsieur: tout ce qui n'est point prose est vers; et tout ce qui n'est point vers est prose.

140 | MONSIEUR JOURDAIN | Et comme l'on parle, qu'est-ce que c'est donc que cela?

MAÎTRE DE PHILOSOPHIE | De la prose.

MONSIEUR JOURDAIN | Quoi! Quand je dis: «Nicole, apportez-moi bien mes
145 | pantoufles, et me donnez mon bonnet de nuit», c'est de la prose?

MAÎTRE DE PHILOSOPHIE | Oui, monsieur.

MONSIEUR
150 | JOURDAIN | Par ma foi! Il y a plus de quarante ans que je dis de la prose sans que j'en susse rien[4]; et je vous suis le plus obligé du monde de m'avoir appris cela. Je voudrais
155 | donc lui mettre dans un billet: «Belle marquise[5], vos beaux yeux me font mourir

---
[4] without even knowing it

160   d'amour», mais je voudrais que cela fût mis d'une manière galante, que ce fût tourné gentiment.

MAÎTRE DE PHILOSOPHIE   Mettre que les feux de ces yeux réduisent votre coeur en **cendres;** que vous

165   souffrez nuit et jour pour elle les violences d'un...

MONSIEUR JOURDAIN   Non, non, non, je ne veux point tout cela; je ne veux que ce que je vous ai dit:

170   «Belle marquise, vos beaux yeux me font mourir d'amour.»

MAÎTRE DE PHILOSOPHIE   Il faut bien **étendre** un peu la chose.

175   MONSIEUR JOURDAIN   Non, vous dis-je, je ne veux que ces seules paroles-là dans le billet, mais **tournées à la mode,** bien arrangées comme il faut. Je vous prie de me

180   dire un peu, pour voir, les diverses manières dont on les peut mettre.

MAÎTRE DE PHILOSOPHIE   On les peut mettre premièrement comme vous

---

[5] member of noble class

MOTS CLÉS
en cendres in ashes
étendre to spread out

tourné(e) à la mode fashionable, well-presented

185 avez dit: «Belle marquise, vos beaux yeux me font mourir d'amour.» Ou bien: «D'amour mourir me font, belle marquise, vos beaux

190 yeux.» Ou bien: «Vos yeux beaux d'amour me font, belle marquise, mourir.» Ou bien: «Mourir vos beaux yeux, belle marquise, d'amour me

195 font.» Ou bien: «Me font vos yeux beaux mourir, belle marquise, d'amour.»

MONSIEUR JOURDAIN Mais, de toutes ces façons-là, laquelle est la meilleure?

200 **MAÎTRE DE PHILOSOPHIE** Celle que vous avez dite: «Belle marquise, vos beaux yeux me font mourir d'amour.»

MONSIEUR JOURDAIN Cependant je n'ai point
205 étudié, et j'ai fait cela tout **du premier coup.** Je vous remercie de tout mon coeur, et vous prie de venir demain de bonne heure.

210 **MAÎTRE DE PHILOSOPHIE** Je n'y manquerai pas.

MOTS CLÉS
du premier coup   all at once, in one breath

Vocabulaire de la lecture

Mots clés

un collet *collar*
l'orthographe *spelling*
une mâchoire *jaw*
écarter *to spread*
rapprocher *to bring together*
allonger *to stretch out*
appuyer *to press*
le palais *palate*
frôler *to brush against*

habile *skilful, clever*
un billet *note*
en cendres *in ashes*
étendre *to spread out*
tourné(e) à la mode *fashionable, well-presented*
du premier coup *all at once, in one breath*

A. Complétez chaque phrase par le mot clé qui convient le mieux.

1. Le _____ est une partie de la bouche, à l'intérieur.

2. Quand on mange, il faut faire marcher les _____.

3. Il a _____ les deux amis pour les faire parler de leur malentendu.

4. Le chat était très content, _____ sur le lit.

5. Le chien lui a _____ les jambes.

B. Écrivez le mot clé dont le sens est le plus proche du contraire du mot donné.

_____ **1.** en feu

_____ **2.** tirer

_____ **3.** bête

_____ **4.** un roman

_____ **5.** mal présenté

a. tourné à la mode

b. habile

c. un billet

d. en cendres

e. appuyer

Tu as compris?

1. Qu'est-ce que M. Jourdain veut apprendre?

_____

2. Comment est-ce que le Maître commence à enseigner à M. Jourdain?
Qu'est-ce qu'il lui apprend?

_____

3. Pourquoi est-ce que M. Jourdain veut apprendre à écrire?

_____

4. Qu'est-ce qu'il veut dire?

_____

5. Pourquoi est-ce que M. Jourdain est surpris à la fin?

_____

Connexion personnelle

Faites un paragraphe où vous expliquez la première fois que vous avez appris quelque chose—à lire, à jouer du piano, à parler français. Quel âge aviez-vous? Qui était le prof? Comment est-ce que vous vous êtes senti(e)? Utilisez le cahier à droite.

Avant de lire *Le tour du monde en quatre-vingts jours*

Reading Strategy

PREVIEW THE TEXT In order to aid comprehension, ask yourself questions before you begin to read. Fill in the following chart to summarize the basic information about the text.

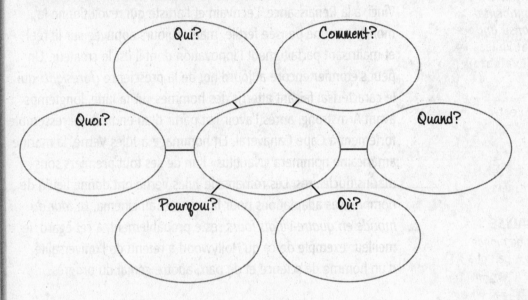

Qui? Comment? Quoi? Quand? Pourquoi? Où?

What You Need To Know

Jules Verne wrote this novel in 1872. As someone who was fascinated with technological progress, Verne was intrigued by the new advances in travel that might make it possible to circumnavigate the globe. In this selection—Chapter 4 of the novel—Phileas Fogg comes home at an unusual hour and surprises his servant, Passepartout. Phileas announces that they're going around the world in eighty days because of a bet he made with some of his fellow members of the Reform Club. The Reform Club, which exists today, was established on Pall Mall in London at the beginning of the nineteenth century as a meeting place for members of the British Liberal party.

Lectures supplémentaires
Le tour du monde en
quatre-vingts jours

185

A réfléchir...

1. Why is there so much mention of time in this text? **(Draw Conclusions)**

_____

_____

_____

2. Explain the significance of _Bradshaw's continental railway steam transit and general guide_ that Phileas takes with him. **(Evaluate)**

_____

_____

_____

_____

▌▌▌À MARQUER⟩ ANALYSE LITTÉRAIRE _Le tour du monde en quatre-vings jours_ is part of a tradition of _picaresque_ novels—in which the main character sets off on a journey and has a series of adventures—much like Mark Twain's _Huckleberry Finn._ As you read, underline words or phrases that convey a sense of great adventure.

READING TIP Note the use of real names of locations in the selection. As you read, highlight the names of actual places you come across. Consider how they add to the overall setting of the story.

À propos de l'auteur

Homme de génie et esprit fertile, Jules Verne (1828–1905), natif de Nantes, a inventé la science fiction moderne. Il croyait au progrès et à la machine, s'émerveillait de l'industrialisation et de ce qu'elle apporte aux hommes, en les conduisant sur les chemins de l'espoir. Mais il avait peur que certains d'entre eux se servent de ces forces nouvelles pour nourrir leurs ambitions les plus folles ou les plus tyranniques (Robur le Conquérant, le Capitaine Némo). Il fut, à sa manière, au XIXème siècle, semblable à Léonard de Vinci, à la Renaissance, l'écrivain et l'artiste qui révolutionne le monde par une pensée fertile, mais toujours appuyée sur le réel et maîtrisant parfaitement l'innovation dont il est le créateur. On peut s'étonner encore aujourd'hui de la prescience _(foresight)_ qui le caractérisa: faisant atterrir des hommes sur la lune, longtemps avant Armstrong, après l'avoir fait partir d'un endroit qui ressemble fortement à Cape Canaveral. En hommage à Jules Verne, la marine américaine nommera «Nautilus» l'un de ses tout premiers sous-marins nucléaires. Les romans de Jules Verne ont donné lieu à de nombreuses adaptations pour la scène et au cinéma. _Le tour du monde en quatre-vingts jours_ reste probablement, à cet égard, le meilleur exemple de ce qu'Hollywood a retenu de l'universalité d'un homme de science et de paix, apôtre génial du progrès.

Le tour du monde en quatre-vingts jours

IV

Dans lequel Phileas Fogg stupéfie Passepartout, son domestique

À sept heures vingt-cinq,… Phileas Fogg **prit congé** de ses honorables collègues, et quitta le Reform-Club. À sept heures

MOTS CLÉS
prit congé   took leave

cinquante, il ouvrait la porte de sa maison et
5 rentrait chez lui.

Passepartout, qui avait
consciencieusement étudié son programme,
fut assez surpris en voyant Mr. Fogg,
coupable d'inexactitude, apparaître à cette
10 heure **insolite.** Suivant la notice, le locataire
de Saville-row ne devait rentrer qu'à minuit
précis.

Phileas Fogg était tout d'abord monté à
sa chambre, puis il appela:
15 «Passepartout.»

Passepartout ne répondit pas. Cet appel
ne pouvait s'adresser à lui. Ce n'était pas
l'heure.

«Passepartout», reprit Mr. Fogg sans
20 élever la voix **davantage.**

Passepartout se montra.

«C'est la deuxième fois que je vous
appelle, dit Mr. Fogg.

— Mais il n'est pas minuit, repondit
25 Passepartout, sa montre à la main.

— Je le sais, reprit Phileas Fogg, et je ne
vous fais pas de reproche. Nous partons dans
dix minutes pour Douvres et Calais.»

Une sorte de grimace **s'ébaucha** sur la
30 ronde face du Français. Il était évident qu'il
avait mal entendu.

«Monsieur se déplace? demanda-t-il.

— Oui, répondit Phileas Fogg. Nous
allons faire le tour du monde.»

**READER'S
SUCCESS
STRATEGY** Details that seem small
and insignificant at first reading
can often reveal major themes.
For example, in the boxed
passage, Passepartout expresses
surprise that Phileas Fogg has
arrived home before his usual
precise hour of midnight. This
reveals the scientific nature of
Phileas Fogg. It also tells you that
something unusual is going to
happen.

NOTES

MOTS CLÉS
  insolite unusual, strange   **s'ébaucher** to take shape
  davantage more

Lectures supplémentaires
Le tour du monde en
quatre-vingts jours   **187**

35 Passepartout, l'oeil **démesurément**
ouvert, la paupière et le sourcil **surélevés,** les
bras détendus, le corps **affaissé,** présentait
alors tous les symptômes de l'étonnement
poussé jusqu'à la stupeur.

40 «Le tour du monde! murmura-t-il.

— En quatre-vingts jours, répondit Mr. Fogg.
Ainsi, nous n'avons pas un instant à perdre.»

— Mais les malles?… dit Passepartout,
qui balançait inconsciemment sa tête de droite
45 et de gauche.

— Pas de malles. Un sac de nuit
seulement. Dedans, deux chemises de laine,
trois paires de bas. Autant pour vous. Nous
achèterons en route. Vous descendrez mon
50 mackintosh et ma couverture de voyage.
Ayez de bonnes chaussures. D'ailleurs, nous
marcherons peu ou pas. Allez.»

Passepartout aurait voulu répondre.
Il ne put. Il quitta la chambre de Mr. Fogg,
55 monta dans la sienne, tomba sur une chaise, et
employant une phrase assez vulgaire de son
pays:

«Ah! bien, se dit-il, elle est forte, celle-là!
Moi qui voulais rester tranquille!…»

60 Et, machinalement, il fit ses préparatifs
de départ. Le tour du monde en quatre-vingts
jours! Avait-il affaire à un fou? Non… C'etait
une plaisanterie? On allait à Douvres, bien.
À Calais, soit. Après tout, cela ne pouvait
65 notablement **contrarier** le brave garçon, qui,

MOTS CLÉS

démesurément inordinately	**s'affaisser** to sag
surélever to raise	**contrarier** to annoy

depuis cinq ans, n'avait pas foulé[1] le sol de la
patrie. Peut-être même irait-on jusqu'à Paris,
et, ma foi, il reverrait avec plaisir la grande
capitale. Mais, certainement, un gentleman

70 aussi ménager[2] de ses pas s'arrêterait là... Oui,
sans doute, mais il n'en était pas moins vrai
qu'il partait, qu'il se déplaçait, ce gentleman,
si casanier[3] jusqu'alors!

À huit heures, Passepartout avait
75 préparé le modeste sac qui contenait sa garde-
robe et celle de son maître; puis, l'esprit
encore troublé, il quitta sa chambre, dont il
ferma soigneusement la porte, et il rejoignit
Mr. Fogg.

80 Mr. Fogg était prêt. Il portait sous
son bras le *Bradshaw's continental railway
steam transit and general guide*, qui devait lui
fournir toutes les indications nécessaires
à son voyage. Il prit le sac des mains de
85 Passepartout, l'ouvrit et y glissa une forte
liasse de ces belles bank-notes qui ont cours
dans tous les pays.

«Vous n'avez rien oublié? demanda-t-il.

— Rien, monsieur.

90 — Mon mackintosh et ma couverture?

— Les voici.

— Bien, prenez ce sac.»

Mr. Fogg remit le sac à Passepartout.

«Et ayez-en soin, ajouta-t-il. Il y a vingt
95 mille livres dedans (500 000 F).»

---

[1] trampled   [2] prudent   [3] homebody

Lectures supplémentaires
Le tour du monde en
quatre-vingts jours   **189**

Le sac faillit s'échapper des mains de Passepartout, comme si les vingt mille livres eussent été en or et pesé considérablement.

Le maître et le domestique descendirent 100 alors, et la porte de la rue fut fermée à double tour.

Une station de voitures se trouvait à l'extrémité de Saville-row. Phileas Fogg et son domestique montèrent dans un cab, 105 qui se dirigea rapidement vers la gare de Charing-Cross, à laquelle **aboutit** un des **embranchements** du South-Eastern-railway.

À huit heures vingt, le cab s'arrêta devant la grille de la gare. Passepartout sauta 110 à terre. Son maître le suivit et paya **le cocher**.

En ce moment, une pauvre mendiante, tenant un enfant à la main, pieds nus dans la boue, coiffée d'un chapeau dépenaillé[4] auquel pendait une plume lamentable, un châle en 115 loques[5] sur ses haillons[6], s'approcha de Mr. Fogg et lui demanda **l'aumône**.

Mr. Fogg tira de sa poche… vingt guinées… et, les présentant à la mendiante:

«Tenez, ma brave femme, dit-il, je suis 120 content de vous avoir rencontrée!»

Puis il passa.

Passepartout eut comme une sensation d'humidité autour de la prunelle[7]. Son maître avait fait un pas dans son coeur.

[4] tattered   [5] tatters   [6] rags   [7] pupil

MOTS CLÉS

aboutir to lead to	**un cocher** cabby
un embranchement a branch	**l'aumône** alms (money)

Discovering French, Nouveau! Level 3

125   Mr. Fogg et lui entrèrent aussitôt dans la grande salle de la gare. Là, Phileas Fogg donna à Passepartout l'ordre de prendre deux billets de première classe pour Paris. Puis, se retournant, il aperçut ses cinq collègues du
130 Reform-Club.

    «Messieurs, je pars, dit-il, et les divers visas apposés sur un passeport que j'emporte à cet effet vous permettront, au retour, de contrôler mon itinéraire.

135   — Oh! monsieur Fogg, répondit poliment Gauthier Ralph, c'est inutile. Nous nous en rapporterons à votre honneur de gentleman!

    — Cela vaut mieux ainsi, dit Mr. Fogg.

140   — Vous n'oubliez pas que vous devez être revenu?… fit observer Andrew Stuart.

    — Dans quatre-vingts jours, répondit Mr. Fogg, le samedi 21 décembre 1872, à huit heures quarante-cinq minutes du soir. Au
145 revoir, messieurs.»

    À huit heures quarante, Phileas Fogg et son domestique prirent place dans le même compartiment. À huit heures quarante-cinq, un coup de sifflet retentit, et le train se mit en
150 marche.

    La nuit était noire. Il tombait une pluie fine. Phileas Fogg, **accoté** dans son coin, ne parlait pas. Passepartout, encore **abasourdi**, pressait machinalement contre lui le sac aux
155 bank-notes.

MOTS CLÉS
accoter   to lean against   abasourdi(e)   stunned

Lectures supplémentaires
Le tour du monde en
quatre-vingts jours   **191**

CHALLENGE What kind of trip do you think Phileas and Passepartout will have? Do you think they'll be successful? Why or why not? How does this scene set up the reader's expectations for what is to come? Write your answer below. **(Predict)**

Mais le train n'avait pas dépassé Sydenham, que Passepartout poussait un véritable cri de désespoir!

«Qu'avez-vous? demanda Mr. Fogg.

160 — Il y a… que… dans ma précipitation… mon trouble… j'ai oublié…

— Quoi?

— D'éteindre le bec de gaz[8] de ma chambre!

165 — Eh bien, mon garçon, répondit froidement Mr. Fogg, il brûle à votre compte!»

---

[8] gas burner

Vocabulaire de la lecture

Mots clés

insolite *unusual, strange*
davantage *more*
s'ébaucher *to take shape*
démesurément *inordinately*
surélever *to raise*
s'affaisser *to sag*
contrarier *to annoy*

aboutir *to lead to*
un embranchement *a branch*
un cocher *cabby*
l'aumône *alms (money)*
accoter *to lean against*
abasourdi(e) *stunned*

A. Complétez chaque phrase par le mot clé qui convient le mieux.

1. J'ai pris des notes et maintenant j'écris, mon devoir

   commence à _____.

2. Restons ici! Il y a _____ de bruit dans l'autre chambre.

3. Si vous restez assis trop long, il faut _____ vos pieds pour faire
   circuler le sang.

4. À l'_____, je ne sais s'il faut prendre la route de droite ou celle
   de gauche.

5. Elle a été _____ de voir que la robe coûtait 2 000 euros.

B. Décidez si les deux mots constituent des antonymes ou des synonymes.

		ANTONYME	SYNONYME
1. insolite	normal	_____	_____
2. aboutir	mener à	_____	_____
3. contrarier	embêter	_____	_____
4. un cocher	un conducteur	_____	_____
5. tenir droit (*stand straight*)	s'affaisser	_____	_____

Lectures supplémentaires
Le tour du monde en
quatre-vingts jours   193

Tu as compris?

1. Pourquoi est-ce que Passepartout ne répond pas à Phileas la première fois qu'il l'appelle?

_____

2. Quelle idée a Phileas pour rentrer tôt chez lui?

_____

3. Comment vont-ils voyager?

_____

4. Quand est-ce que Phileas doit retourner chez lui?

_____

5. Pourquoi est-ce que Passepartout crie à la fin?

_____

Connexion personnelle

Avez-vous jamais fait un long voyage? Si oui, décrivez votre voyage dans le cahier à droite. Avec qui est-ce que vous avez voyagé? Où est-ce que vous êtes allés? Comment est-ce que vous avez voyagé? Sinon, imaginez un voyage quelque part. Où est-ce que vous aimeriez aller et pourquoi? Comment est-ce que vous aimeriez voyager? Écrivez votre réponse dans le cahier à droite.

Academic and Informational Reading

In this section you'll find strategies to help you read all kinds of informational materials. The examples here range from magazines you read for fun to textbooks to bus schedules. Applying these simple and effective techniques will help you be a successful reader of the many texts you encounter every day.

Reading a Magazine Article

A magazine article is designed to catch and hold your interest. Learning how to recognize the items on a magazine page will help you read even the most complicated articles. Look at the sample magazine article as you read each strategy below.

A Read the **title** and other **headings** to see what the article is about. The title often presents the main topic of the article.

B Notice any text given **special treatment,** such as **boldface** or **italic type** or **highlighting** in a **tint box.**

C Pay attention to **visual features,** such as bulleted lists, charts, tables, and graphs. These may summarize the text or add new information on the topic.

D Think about the **details** the author offers to support ideas. These provide information and help you evaluate the ideas.

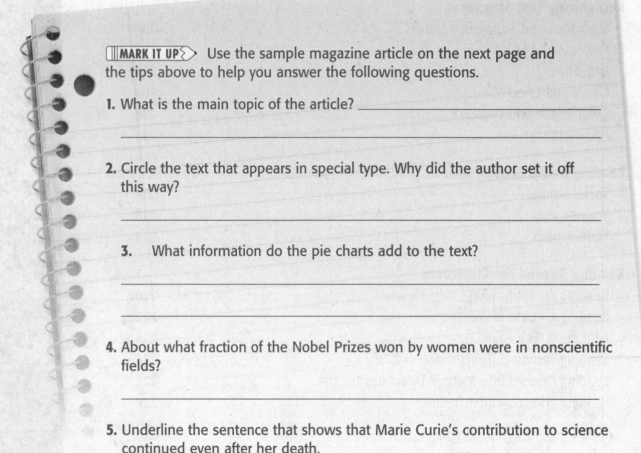

MARK IT UP ⟩ Use the sample magazine article on the next page and the tips above to help you answer the following questions.

1. What is the main topic of the article? _____

_____

2. Circle the text that appears in special type. Why did the author set it off this way?

_____

_____

3. What information do the pie charts add to the text?

_____

_____

4. About what fraction of the Nobel Prizes won by women were in nonscientific fields?

_____

5. Underline the sentence that shows that Marie Curie's contribution to science continued even after her death.

Marie Curie—
Noble Lady and Nobel Laureate

Born in 1867 to two teachers in Warsaw, Poland, Marie Sklodowska was introduced early to the world of the intellect. In addition to her interest in science, however, she had strong political and humanitarian beliefs. In fact, her revolutionary activities caused her to leave her native land for Paris, where she met Professor of Physics, Pierre Curie, and married him in 1895.

The next year, the French physicist Antoine Henri Becquerel discovered radioactivity, spurring Marie and her husband to further investigate and analyze this phenomenon. Working under poor conditions, and having to support themselves by teaching, the Curies nevertheless were able to isolate two radioactive elements— radium and polonium, which they named after Marie's native country. She then found ways to separate and study radium, focusing specifically on its therapeutic potential. Mme. Curie continued advance the use of radium to relieve suffering, applying those methods during World War I.

Already the first female Nobel laureate, Marie Curie set another precedent in 1911 by becoming the first person to win two Nobel Prizes.

In addition to receiving numerous honorary degrees in science, medicine, and law, Marie was honored with the most sought-after recognition of them all—the Nobel Prize—in 1903. Becquerel was awarded half the prize and Marie and Pierre Curie shared the other half. Already the first female Nobel laureate, Marie Curie set another precedent in 1911 by becoming the first person to win two Nobel Prizes. Even more remarkably, her second prize was in a different scientific field, chemistry.

Having reached the pinnacle of human accomplishment, Marie Curie died in 1934, probably from exposure to radiation. A year later, her daughter won the Nobel Prize in Chemistry.

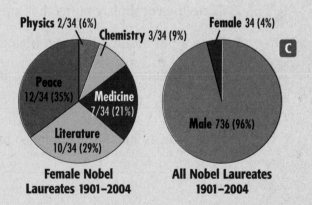

Physics 2/34 (6%) Chemistry 3/34 (9%)
Peace 12/34 (35%)
Medicine 7/34 (21%)
Literature 10/34 (29%)

Female Nobel Laureates 1901–2004

Female 34 (4%)
Male 736 (96%)

All Nobel Laureates 1901–2004

Reading a Textbook

The first page of a textbook lesson introduces you to a particular topic. The page also provides important information that will guide you through the rest of the lesson. Look at the sample textbook page as you read each strategy below.

A Preview the **title** and other **headings** to determine the lesson's main topic and related subtopics.

B Read the main **idea, objective,** or **focus.** These items summarize the lesson and help set a purpose for your reading.

C Look for a list of terms or **vocabulary words** at the start of each lesson. These words will be identified and defined throughout the lesson.

D Find words set in special type, such as **italics** and **boldface.** Look for definitions and other related information, such as pronunciations, before or after these terms.

E Notice any **special features,** such as text enclosed in a box or information presented in the margins. These may include **direct quotations** from a **primary source, background information,** or **questions** to help direct your reading.

F Examine **visuals,** such as photographs and illustrations, and read their **captions.** Visuals add information and interest to the topic.

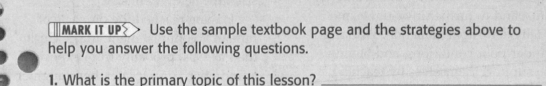

MARK IT UP Use the sample textbook page and the strategies above to help you answer the following questions.

1. What is the primary topic of this lesson? _____

_____

2. Circle the vocabulary terms that are presented on this page.

3. Draw a box around the main idea of the lesson.

4. Which feature tells you where the Bourbon dynasty got its name?

_____

5. Why was Cardinal Richelieu important enough to have his portrait included?

_____

2 A France's Ultimate Monarch

C

TERMS & NAMES
- Edict of Nantes
- Cardinal Richelieu
- skepticism
- Louis XIV
- intendant
- Jean Baptiste Colbert
- War of the Spanish Succession

B

MAIN IDEA	WHY IT MATTERS NOW
After a century of war and riots, France was ruled by Louis XIV, the most powerful monarch of his time.	Louis used his power to build a great palace and sponsor art that is part of France's cultural legacy.

SETTING THE STAGE In 1559, King Henry II of France died, leaving four young sons. Three of them ruled, one after the other, but all proved incompetent. The real power behind the throne during this period was their mother, Catherine de Médicis. Catherine tried to preserve royal authority, but growing conflicts between Catholics and Huguenots—French Protestants—rocked the country.

E

Background Catherine was descended from the Renaissance de' Medici family. She spelled her name the French way.

Religious Wars Create a Crisis

Between 1562 and 1598, Huguenots and Catholics fought eight religious wars. Chaos spread through France. For example, in 1572 the St. Bartholomew's Day Massacre in Paris sparked a six-week, nationwide slaughter of Huguenots.

Henry of Navarre The massacre occurred when many Huguenot nobles were in Paris. They were attending the marriage of Catherine's daughter to a Huguenot prince, Henry of Navarre. Most of these nobles died, but Henry survived. Descended from the popular medieval king Louis IX, Henry was robust, athletic, and handsome. In 1589, when both Catherine and her last son died, Prince Henry inherited the throne. He became Henry IV, the first king of the Bourbon dynasty in France. As king, he showed himself to be decisive, fearless in battle, and a clever politician.

E

Background The Bourbon dynasty took its name from a French town.

Many Catholics, including the people of Paris, opposed Henry. For the sake of his war-weary country, Henry chose to give up Protestantism and become a Catholic. Explaining his conversion, Henry declared, "Paris is well worth a Mass."

In 1598, Henry took another step toward healing France's wounds. He declared that the Huguenots could live in peace in France and set up their own houses of worship in some cities. This declaration of religious toleration was called the **Edict of Nantes.**

D

F Phillipe de Champaigne painted many portraits of the powerful Cardinal Richelieu. This triple portrait shows his front view and two profiles.

Aided by an adviser who enacted wise financial policies, Henry devoted his reign to rebuilding France and its prosperity. He restored the French monarchy to a strong position. After a generation of war, most French people welcomed peace. Some people, however, hated Henry for his religious compromises. In 1610, a fanatic leaped into the royal carriage and stabbed Henry to death.

Louis XIII and Cardinal Richelieu After Henry IV's death, his son Louis XIII reigned. Louis was a weak king, but in 1624 he appointed a strong minister who made up for all of Louis's weaknesses.

Cardinal Richelieu (RIHSH-uh-LOO) became, in effect, the ruler of France. For

THINK THROUGH HISTORY
A. Recognizing Effects What were the effects of Henry's conversion to Catholicism and of the Edict of Nantes?
A. Possible Answers They restored peace to France by ending religious wars, but they prompted a fanatic to assassinate Henry.

D

518 Chapter 21

Reading a Chart

Charts summarize information in an organized way for easy reference and comparison. The following tips can help you read a chart quickly and accurately. Refer to the example as you read each strategy.

A Look at the **title** to find out the content of the chart.

B Read the **introduction** to get a general overview of the information included in the chart.

C Examine the **heading** of each row and column. To find specific information, locate the place where a row and column intersect.

A It's All Downhill: Recreational v. Speed Skiing

B This chart shows statistics for two skiers in Bariloche, Argentina.

Time (seconds)	Distance traveled (feet)	
	Recreational skier	Speed skier
10	220	2040
20	440	4080
30	660	6120
40	880	8160

MARK IT UP Use the chart to answer the following questions.

1. What is the purpose of this chart? _____

_____

2. After 20 seconds, how far has the speed skier traveled? Circle the answer in the chart.

3. How would you determine each skier's speed in feet per second?

_____

4. About how many times faster than the recreational skier is the speed skier traveling?

_____

5. Which skier's distance is increasing more rapidly?

_____

Reading a Map

To read a map correctly, you have to identify and understand its elements. Look at the map below as you read each strategy in this list.

A Read the **title** to understand the content of the map.

B Study the **legend,** or **key,** to find out what the symbols and colors on the map stand for.

C Look at **geographic labels** to understand specific places on the map.

D Locate the **compass rose,** or **pointer,** to determine direction.

E Look at the **scale** to understand what each unit of measurement on the map represents in real distance.

The French Empire, 1810 **A**

B
- ■ French Empire
- □ Countries controlled by Napoleon
- ■ Countries allied with Napoleon
- □ Countries at war with Napoleon

D N

E 0 — 400 Miles
0 — 800 Kilometers

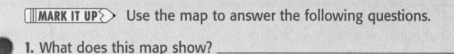

MARK IT UP Use the map to answer the following questions.

1. What does this map show? _____

_____

2. Which countries were at war with France in 1810?

_____

3. About how many kilometers to the east of Paris did French control extend?

_____

4. Which of France's borders was vulnerable to attack?

_____

Reading a Diagram

Diagrams combine pictures with a few words to provide a lot of information. Look at the example on the opposite page as you read each of the following strategies.

A Look at the **title** to get an idea of what the diagram is about.

B Study the **images** closely to understand each part of the diagram.

C Look at the **captions** and the **labels** for more information.

MARK IT UP Study the diagram, then answer the following questions using the strategies above.

1. What is the purpose of this diagram? _____

_____

2. Underline the type of rock that is formed directly from sediments.

3. How is lava formed? _____

_____

4. What happens when heat and/or pressure is applied to sedimentary rock?

_____

5. Which processes are necessary for the formation of sediments?

_____

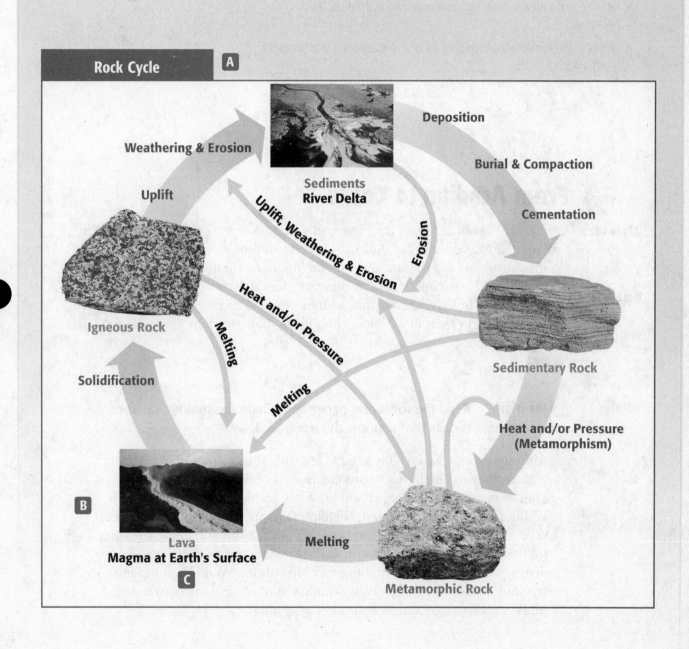

Rock Cycle A

Deposition

Weathering & Erosion

Burial & Compaction

Sediments
River Delta

Uplift

Cementation

Uplift, Weathering & Erosion

Erosion

Heat and/or Pressure

Igneous Rock

Melting

Heat and/or Pressure
(Metamorphism)

Melting

Sedimentary Rock

Solidification

B

Lava
Magma at Earth's Surface

C

Melting

Metamorphic Rock

The *main idea* of a paragraph is its most important point. *Details* in the paragraph support the main idea. Identifying the main idea will help you focus on the central message the writer wants to communicate. Use the following strategies to help you identify a paragraph's main idea and supporting details.

- Look for the **main idea,** which is often the first sentence in a paragraph.

- Use the main idea to help you **summarize** the point of the paragraph.

- Identify specific **details,** including facts and examples, that **support** the main idea.

From Acadian to Cajun

Main idea   Cajuns are descended from the French inhabitants of the part of northeastern Canada that was once called Acadia. Driven from their homes by British troops during the French and Indian War, many Acadians migrated south and settled in Louisiana. Henry Wadsworth Longfellow's poem "Evangeline"
Details   describes their travels. The Cajuns, as they came to be known, remained more or less isolated in their new home, clinging to their Acadian French language and traditions.

MARK IT UP   Read the following paragraph. Circle the main idea. Then underline three details that support the main idea.

Although most modern-day Cajuns are fully integrated into American culture, they maintain many unique aspects of their Acadian roots. They generally speak English, but also use an old dialect of French. In addition to learning the native customs at home, increasing numbers of young Cajuns are studying French in school. Cajuns still enjoy the spicy traditional cuisine that combines seafood, okra, and rice into well-known dishes such as jambalaya and gumbo. No culture would be complete without music, and the lively, rhythmic Cajun accordion-triangle-and-fiddle bands delight Cajun and non-Cajun alike.

Problem and Solution

Does the proposed solution to a problem make sense? In order to decide, you need to look at each part of the text. Use the following strategies to read the text below.

- Look at the beginning or middle of a paragraph to find the **statement of the problem.**

- Find **details** that explain the problem and tell why it is important.

- Look for the **proposed solution.**

- Identify the **supporting details** for the proposed solution.

- Think about whether the solution is a good one.

If You Can't Read This, We Can Help

by Ariel Beaulieu

Statement of a problem — According to the cover story in the latest *Westside Weekly*, almost 20% of the junior class is reading at or below the fifth-grade level. Some of these students are having trouble because English is their second language.

Explanation of problem — Others are just casualties of our educational system whose special needs were never recognized. If these students don't somehow dramatically improve their skills, they will lose their chance to become productive members of society.

The students in my English class decided to do address this problem by setting up a tutoring center. The administration has given us permission to use our classroom after school hours. Our English teacher and one of the French teachers have offered to train tutors, provide materials, and serve as consultants.

We think that this is an ideal solution to the problem for several reasons. First, poor readers are more likely to admit their problem and accept help from their peers. They will receive the individualized help they need in a nonjudgmental setting. Second, the tutoring sessions will be kept private. There will be no stigma attached to attending. Finally, tutors will have a chance to hone their own skills.

You don't have to read between the lines to see that this is a win-win solution to a serious problem.

|||**MARK IT UP**⟩ Use the text and strategies above to answer these questions.

1. Circle the proposed solution.

2. Underline at least one detail that supports the solution.

3. Explain why you think this is or is not a good solution to the problem.

_____

_____

Sequence

Understanding the *sequence*, or order of events, in what you read can help you learn what happens and why. The tips below can help you identify sequence in any type of text.

- Read through the passage and identify its **main steps** or stages.

- Look for **words and phrases that signal time,** such as in *January 1902, on May 5,* and *in the morning.*

- Look for **words and phrases that signal order,** such as *four months later, for several days,* and *while.*

MARK IT UP Read the passage about the eruption of Mount Pelée on the next page. Then use the information from the article and the tips above to answer the questions.

1. Circle words or phrases in the article that signal time. A sample is shown.

2. Underline the phrases that signal order, such as the completed example.

3. A time line can help you understand the sequence of events. Use information from the article to complete this time line.

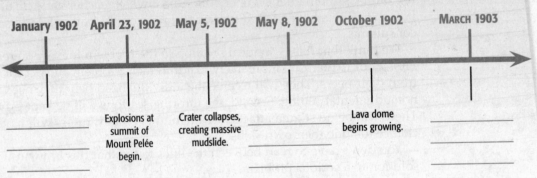

January 1902	April 23, 1902	May 5, 1902	May 8, 1902	October 1902	March 1903
	Explosions at summit of Mount Pelée begin.	Crater collapses, creating massive mudslide.		Lava dome begins growing.	

Eruption!

In January 1902, towering nearly a mile above the city of St. Pierre on the Caribbean island of Martinique, the volcano Mount Pelée began to wake up. Pelé means "bald" in French, and the rounded dome that suggested that name would soon be blown sky-high.

About four months later, on April 23, explosions began at the summit of the volcano. For several days, the earth shook, ash rained down on the city, and the air was thick with suffocating gas. Fleeing from their nests on the slopes of the belching volcano, snakes and insects invaded St. Pierre. About 200 animals and 50 people died from the bites of poisonous snakes. That was just the beginning.

While these early eruptions were creating chaos in the city, they were also generating enormous energy. This heated the water in the volcano's crater lake to almost the boiling point. The crater collapsed on May 5, allowing hot water to mix with volcanic debris to form a surging mudslide. Traveling at almost 60 miles an hour, it destroyed everything in its path. After burying 23 people, it flowed into the sea, where it created a 10-foot-high tsunami that caused even more damage.

Then in the morning of May 8, the volcano erupted in earnest. Molten ash,

rock, and scorching gas raced toward St. Pierre at more than 100 miles per hour, hitting the city less than a minute later. The force of the explosion hurled a 6,000-pound statue almost 50 feet, pulverized buildings, and demolished the city. It also set ships on fire in the harbor, destroying more than 20 vessels. Only two of the approximately 28,000 residents of St. Pierre survived the eruption.

In October, a column of lava began to grow from the floor of the crater. Shooting up at up a maximum rate of 50 feet a day, this spectacular "Tower of Pelée" reached 1,000 feet into the air, with a base up to 500 feet thick—twice as tall as the Washington Monument and as massive as the Great Pyramid of Egypt. It grew for 11 months, finally toppling in March 1903.

Cause and Effect

A *cause* is an event that brings about another event. An *effect* is something that happens as a result of the first event. Identifying causes and effects helps you understand how events are related. Use the tips below to find causes and effects in any kind of reading.

- Look for an action or event that answers the question, "What happened?" This is the **effect.**

- Look for an action or event that answers the question, "Why did this happen?" This is the **cause.**

- Look for words or phrases that **signal** causes and effects, such as *because, as a result, in response, and therefore.*

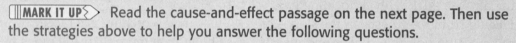 **MARK IT UP** ⟩ Read the cause-and-effect passage on the next page. Then use the strategies above to help you answer the following questions.

1. Circle the words in the passage that signal causes and effects. The first one has been done for you.

2. Why did Ho Chi Minh create the Viet Minh?

   _____

3. Complete the following chart showing causes and effects in the struggle between France and Vietnam.

Cause:		Effects: Vietnamese people lose their land

Cause: U.S. fights Japan in World War II		Effects:

Cause: Japanese surrender to Allies		Effects:

French Indochina

From the late 1800s until World War II, France ruled Vietnam as part of its colony of French Indochina. The colony also included neighboring Laos and Cambodia. During this colonial period, France increased its wealth by exporting rice and rubber from Vietnam. As a result, the Vietnamese people lost their land and grew poor.

The Vietnamese, therefore, never accepted French rule. Various groups of nationalists, who wanted Vietnam to become an independent nation, staged revolts against the French. In 1930, a revolutionary leader named Ho Chi Minh united three Communist groups to form the Indochinese Communist Party (ICP). This new party called for an independent Vietnam.

The ICP organized protests against the French government. In response, the French arrested suspected Communists and executed a number of leaders. Ho Chi Minh, who was living in China, was sentenced to death without being present.

In 1940, during World War II, Japan took over Indochina. The next year, Ho Chi Minh secretly returned to Vietnam and hid in a jungle camp. Under his direction, the ICP joined with other nationalists to form an organization called the Viet Minh. The Viet Minh trained soldiers to fight to make Vietnam independent of all foreign rulers. Because Japan was an enemy of the United States in World War II, the U.S. government aided Ho Chi Minh and the Viet Minh in their fight against the Japanese. After the Japanese surrendered to the Allies in August 1945, Ho Chi Minh declared Vietnam's independence before a cheering crowd in Hanoi.

Comparison and Contrast

Comparing two things means showing how they are the same. *Contrasting* two things means showing how they are different. Comparisons and contrasts are often used in science and history books to make a subject clearer. Use this tips to help you understand comparison and contrast in reading assignments such as the article on the opposite page.

- Look for **direct statements** of comparison and contrast. "These things are similar because…" or "One major difference is…"

- Pay attention to **words and phrases that signal comparisons**, such as *also, both, is the same as,* and *in the same way.*

- Notice **words and phrases that signal contrasts**. Some of these are *however, on the other hand, but,* and *in contrast.*

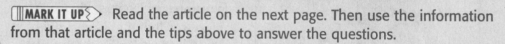 Read the article on the next page. Then use the information from that article and the tips above to answer the questions.

1. Circle the words and phrases that signal comparisons, such as the sample.

2. Underline the words and phrases that signal contrasts. One has been done for you.

3. A chart can help you compare and contrast the characteristics of two subjects. Complete this chart about Bretagne (Brittany) and Languedoc, using information from the article on the next page.

Characteristics	Bretagne	Languedoc
Location		Southwestern France
Seacoast	Atlantic Ocean and English Channel	
History		prehistoric settlement, invasion by Romans, Visigoths, and Franks
Original language		Occitan, langue d'oc
Sights	menhirs and dolmens	

PICK A PROVINCE:
BRETAGNE OR LANGUEDOC?

So you're learning the language and would like to visit France. The country is so varied—in land, climate, history, language, traditions, and people—that you'll find just the place to suit every interest and taste. Two possibilities to consider are Bretagne (Brittany) and Languedoc.

If you like water, you're in luck, since both regions have seacoasts. Bretagne is located in the northwestern part of the country and borders the Atlantic Ocean and the English Channel. Languedoc, on the other hand, lies in southern France on the Mediterranean Sea. It just depends how you like your swim—bracing or balmy.

Not surprisingly, these two regions have very different histories, language, and tourist attractions. Each was inhabited early by prehistoric peoples, but Bretagne was then invaded by Romans and later settled by Celts from the British Isles, who gave it its English name, Brittany. Breton, the language originally spoken in the region—and also the name of the people who speak it—is a Celtic language related to modern Welsh.

Although, like Bretagne, Languedoc was besieged by Romans early on, they were followed by barbarians, Visigoths, and Frankish peoples rather than Celts. The region got its name from the language originally spoken there. Occitan, or *langue d'oc*, was used by the singing minstrels or troubadours, In that language, *oc* means "yes," to differentiate it from the *langue d'oïl* (from *oi*, or *oui*, which also means "yes").

Because of their unique histories, Bretagne and Languedoc offer visitors very different—but equally stunning—sights. In Bretagne, you can marvel at thousands of massive prehistoric standing stones set alone—called menhirs—or arranged to form walls and a roof—called dolmens. Languedoc, in contrast, offers ruins of Roman temples and walled medieval cities and castles.

Now just think it over, pick a province, and bon voyage!

Persuasion

A *persuasion* is an opinion that is backed up with reasons and facts. After you carefully read an opinion and the reasons and facts that support it, you will be able to decide if the opinion makes sense. As you read these tips, look at the sample persuasion on the next page.

- Look for words or phrases that **signal** an **opinion,** such as *I believe, I think, in my opinion,* and *disagree.*

- Identify reasons, facts, or expert opinions that **support** the persuasion.

- Ask yourself if the argument and the reasons that back it up make **sense.**

- Look for **errors in reasoning,** such as overgeneralizations, that may affect the persuasion.

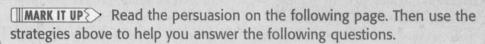 Read the persuasion on the following page. Then use the strategies above to help you answer the following questions.

1. Circle any words or phrases that signal an opinion.

2. Underline any words or phrases that signal the writer's opinion.

3. The writer presents both sides of this persuasion. List the points supporting each side in the chart below.

Language requirement should be increased	Language requirement should not be increased
Knowledge of foreign language a necessary life skill	

Let's Raise the Language Requirement

by François Silber

Français

Italiano

Español

Deutch

In our increasingly multicultural world, it's essential for people to be able to understand and communicate in more than one language. Our school currently requires students to complete two years of a foreign language. Although that provides a good foundation, I think the language requirement should be raised to three years.

Learning a foreign language is difficult for many students. It may require memorizing a whole new alphabet as well as unfamiliar vocabulary, grammar, and pronunciation. Foreign language students do not just have to learn facts, as in their other academic classes. In addition, they must use their knowledge of the language to communicate in both speaking and writing. In my opinion, these additional skills are not only quantitatively more demanding than those needed in other classes. They are also qualitatively different and more challenging.

For these reasons, I believe that two years of foreign language study is not long enough to give most students basic competence. In fact, statistics show that only 30% of students taking advanced placement foreign language tests receive college credit for their high school work. An additional year of study would allow students to become more comfortable with and fluent in the language. Those who plan to go on to college would get an academic boost. Those who do not would have gained an important life skill.

Several students I talked with disagree with my point of view. They say that other subjects are more important to them than foreign languages. They plan to pursue other academic majors and could use the extra year to take a science, a history, or an art course. Some teachers expressed concern that their workloads would increase.

As I see it, these objections are not as important as making sure that students get the best and most relevant education the school can provide. An additional year of language study would go a long way toward making this goal a reality.

Social Studies

Social studies class becomes easier when you understand how your textbook's words, pictures, and maps work together to give you information. Following these tips can make you a better reader of social studies lessons. As you read the tips, look at the sample lesson on the right-hand page.

A Read the **headline** and **subheads** on the page. These give you an idea what the lesson is about.

B Make sure you know the meaning of any boldfaced or underlined **vocabulary terms.** These items often appear on tests.

C Think about **how information is organized.** Social studies books often present ideas using sequence, cause and effect, comparison and contrast, and main idea and supporting details.

D Look closely at **graphics** such as maps, photographs, and illustrations. Think about what information these features add to the text.

E Note items that appear in the **margins of the page.** These often provide questions or additional information that will help you understand and focus your reading.

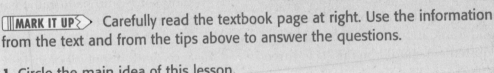

||||MARK IT UP⟩ Carefully read the textbook page at right. Use the information from the text and from the tips above to answer the questions.

1. Circle the main idea of this lesson.

2. How did Europeans and Americans learn about Africa in the 1800's?

_____

3. How is the information about the African peoples presented—by main idea and supporting details, by cause and effect, or by sequence?

_____

4. What information does the photograph provide about an African kingdom?

_____

_____

1 # Imperialists Divide A Africa

MAIN IDEA	WHY IT MATTERS NOW
Ignoring the claims of African ethnic groups, kingdoms, and city-states, Europeans established colonial claims.	African nations continue to feel the effects of the colonial presence of 100 years ago.

SETTING THE STAGE Industrialization stirred ambitions in many European nations. They wanted more resources to fuel their industrial production. They competed for new markets for their goods. They looked to Africa and Asia as sources of the raw materials and as markets for cloth, plows, guns, and other industrial products.

A Africa Before Imperialism

In the mid-1800s, on the eve of the European domination of Africa, African peoples were divided into hundreds of ethnic and linguistic groups. Most continued to follow traditional beliefs, while others converted to Islam or Christianity. These groups spoke more than 1,000 different languages. Politically, they ranged from large empires that united many ethnic groups to independent villages. The largest empire in West Africa at its peak had a population of about 10 million people.

C Although Europeans had established contacts with Africans as early as the 1450s, they actually controlled very little land. Powerful African armies were able to keep the Europeans out of most of Africa for 400 years. As late as 1880, Europeans controlled only 10 percent of the continent's land, mainly on the coast.

Furthermore, European travel into the interior on a large-scale basis was virtually impossible. Europeans could not navigate African rivers that had so many rapids and cataracts and drastically changing flows. Until the introduction of steam-powered riverboats, Europeans would not be able to conduct major expeditions into the interior of Africa.

Finally, large networks of Africans conducted trade. These trade networks kept Europeans from controlling the sources of trade items such as gold and ivory. These trade networks were specialized. The Chokwe, for example, devoted themselves to collecting ivory and beeswax in the Angola highlands. Others such as the Yao carried their goods to merchants on the coast.

E

THINK THROUGH HISTORY
A. Analyzing Causes Why did the Europeans control such a small portion of Africa in the 1800s?
A. Answer African armies and traders kept them out and the rivers were impassable, making it difficult to get inland.

D

This highly valued ivory mask is one of four taken from the King of Benin in 1897. It was worn with several others on the belt of a ceremonial costume of the king.

Nations Compete for Overseas Empires A

Those Europeans who did penetrate the interior of Africa tended to be explorers, missionaries, or humanitarians who opposed the slave trade. Europeans and Americans learned about Africa through travel books and newspapers. These publications competed for readers by hiring reporters to search the globe for stories of adventure, mystery, or excitement.

The Congo Sparks Interest In the late 1860s, David Livingstone, a minister from Scotland, traveled with a group of Africans deep into central Africa. They were searching for the source of the Nile. When several years passed with no word from him or his party, many people feared he was dead. An American newspaper hired reporter Henry

The Age of Imperialism **685**

Reading a science textbook becomes easier when you understand how the explanations, drawings, and special terms work together. Use the strategies below to help you better understand your science textbook. Look at the examples on the opposite page as you read each strategy in this list.

A Preview the **title** and any **headings** to see what scientific concepts you will learn about.

B Read the **key ideas, objectives,** or **focus.** These items summarize the lesson and help set a purpose for your reading.

C Notice the **boldfaced** and **italicized** terms in the text. Look for the definitions of these terms.

D Carefully examine any **pictures, diagrams,** or **charts.** Read the **titles** and **captions** to see how the graphics help to illustrate the text.

E Look for places that discuss **scientific concepts** in terms of **everyday events** or **experiences.** Think about how these explanations improve your understanding.

[MARK IT UP] Use the strategies above and the science lesson on the next page to answer these questions.

1. What is the subject of this lesson?

_____

2. Circle the two terms in the vocabulary list that are discussed on this page.

3. What is the definition of continental drift?

_____

4. What do the shaded areas on the map represent?

_____

_____

5. What was a major objection to Wegener's hypothesis about continental drift?

_____

_____

8.1

B KEY IDEA

The lithosphere is broken into rigid plates that move in relationship to one another on the asthenosphere.

KEY VOCABULARY
- plate tectonics
- continental drift
- mid-ocean ridge

A ## What Is Plate Tectonics?

Earth's lithosphere is broken into plates that move on the asthenosphere. In some places, the plates are moving toward each other. In other places, they are moving apart, and in others, they are sliding past each other. **C** **Plate tectonics** (tehk-TAHN-ihks) is a theory that describes the formation, movements, and interactions of these plates.

A ## Early Ideas About Plate Movements

The idea that Earth's surface might be moving is not new. The theory of plate tectonics developed from early observations made about the shapes of the continents and from fossil and climate evidence.

In the early 1500s, explorers using maps noted the remarkable fit of the shape of the west coast of Africa and the shape of the east coast of South America. In 1596, a Dutch mapmaker suggested that the two continents may have been part of a larger continent that had broken apart.

In 1912, a German scientist named Alfred Wegener (VAY-guh-nuhr) proposed a hypothesis called **continental drift.** According to this hypothesis, the continents have moved, or drifted, from one location to another over time. Wegener used many observations to support his hypothesis. In addition to the similarities in the shapes of the continents, he noted that the fossil remains of *Mesosaurus,* a reptile that lived about 270 million years ago, are found only in parts of South America and Africa. This strange distribution is easily explained if the two continents were once joined, as suggested by the map below. Distinctive rock formations found on both continents would have matched up with each other if the continents had been joined in the past. Climate change evidence further supports the continental drift hypothesis.

One of the strongest objections to Wegener's hypothesis was that it did not explain *how* the continents moved. Wegener suggested that the continents might float on deeper, more fluid layers, and that Earth's internal heat could provide the energy needed to move the continents through these layers. He had no evidence to support that explanation, however. Scientists continued to debate Wegener's ideas about continental drift for a number of years. During his lifetime, Wegener continued his efforts to defend the continental drift hypothesis, but he was not successful.

MAP *Mesosaurus* fossils have been found in South America and Africa, lending support to the hypothesis that the continents were once joined together.

D

AFRICA

SOUTH AMERICA

Areas in which mesosaurus fossils have been found

FOSSIL EVIDENCE This fossil *Mesosaurus* was found in Brazil. Similar fossils have been found in Africa. **E**

172 **Unit 3** Dynamic Earth

Mathematics

Reading in mathematics is different from reading in history, literature, or science. A math lesson has few words, but instead illustrates math concepts using numbers, symbols, formulas, equations, diagrams, and word problems. Use the following strategies, and the lesson on the next page, to help you better understand your math textbook.

A Preview the **title** and **headings** to see which math concepts you will learn about.

B Find and read the **goals** or **objectives** for the lesson. These will tell the most important points to know.

C Read **explanations** carefully. Sometimes a concept is explained in more than one way to make sure you understand it.

D Study any **worked-out solutions** to sample problems. These are the key to understanding how to do the homework assignment.

E Notice **special features,** such as study or vocabulary hints. These provide more help or information.

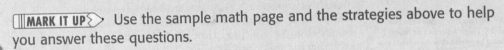 Use the sample math page and the strategies above to help you answer these questions.

1. Circle the title of this lesson.

2. Underline the objective of the lesson. How does it build on skills you already have learned?

   _____

   _____

3. What must you do when multiplying or dividing each side of an inequality by a negative number?

   _____

4. What process does the example problem demonstrate?

   _____

5. What suggestion does the marginal note provide to help you learn this skill?

   _____

LESSON 3.7

 A **Solving Inequalities Using Multiplication or Division**

BEFORE	▶ **Now**	**WHY?**
You solved equations using multiplication or division.	You'll solve inequalities using multiplication or division.	So you can find how many students must attend a dance, as in Ex. 26.

B

In the Real World

Word Watch

Review Words
inequality, p. 140
solution of an inequality,
  p. 140
equivalent inequalities,
  p. 141

Bats About 15,000 fruit-eating bats live on Panama's Barro Colorado Island. Every year they consume up to 61,440,000 grams of fruit. About how many grams of fruit does each bat consume in a year? You will use an inequality to solve this in Example 3.

There is one important difference between solving inequalities and solving equations. When multiplying or dividing each side of an inequality by a negative number, you must *reverse the direction of the inequality symbol.*

C

Multiplication Property of Inequality

Words

Multiplying each side of an inequality by a *positive* number makes an equivalent inequality.

Algebra

If $4x < 10$, then
$\left(\frac{1}{4}\right)(4x) < \left(\frac{1}{4}\right)(10)$.

Multiplying each side of an inequality by a *negative* number and *reversing the direction of the inequality symbol* makes an equivalent inequality.

If $-5x < 10$, then
$\left(-\frac{1}{5}\right)(-5x) > \left(-\frac{1}{5}\right)(10)$.

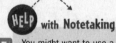
HELP with Notetaking

E You might want to use a table to organize this information about reversing the inequality symbol.

D **EXAMPLE 1** **Solving an Inequality Using Multiplication**

$-\frac{1}{8}n \geq 2$ Original inequality

$-8 \cdot \left(-\frac{1}{8}\right)n \leq -8 \cdot 2$ Multiply each side by -8.
Reverse inequality symbol.

$n \leq -16$ Simplify.

To get a part-time job or to register for summer camp or classes at the local community center, you will have to fill out an application. Being able to understand the format of an application will help you fill it out correctly. Use the following strategies and the sample on the next page to help you understand any application.

A **Begin at the top.** Scan the application to understand the different sections.

B Look for special **instructions for filling** out the application.

C Note any **request for materials** that must be included with the application.

D Pay attention to **optional sections,** or **those sections you don't have to fill in.**

E Look for difficult or confusing words or abbreviations. Look them up in a dictionary or ask someone what they mean.

||||MARK IT UP> Use the copyright application on the following page and the strategies above to answer the questions.

1. What type of works does this copyright application cover?

   _____

2. If the work you are submitting for copyright already has been published, what information must you supply?

   _____

3. Circle the section you should fill in if you have a Deposit Account in the Copyright Office.

   _____

4. Which information is not required?

   _____

5. What is the fee for filing a copyright application?

   _____

6. **ASSESSMENT PRACTICE** Circle the letter of the correct answer. How many copies of an unpublished work must accompany the application?

   A. none   **B.** one   **C.** two   **D.** three

SHORT FORM TX

For a Nondramatic Literary Work

A

Examined By _____

Correspondence _____

UNITED STATES COPYRIGHT OFFICE

Registration Number

TYPE OR PRINT IN BLACK INK. DO NOT WRITE ABOVE THIS LINE. **B**

---

1 **Title of This Work:**

Alternative title or title of larger work in which this work was published:

---

2 **Name and Address of Author and Owner of the Copyright:**

Nationality or domicile:
Phone, fax, and email:

Phone (___) _____ F ax (___) _____

Email _____

---

3 **Year of Creation:**

---

4 *If work has been published,* **Date and Nation of Publication:**

a. Date _____
     Month   Day   Y ear

(Month, day, and year all required)

b. Nation _____

---

5 **Type of Authorship in This Work:**

Check all that this author created.

❏ Text (includes fiction, nonfiction, poetry, computer programs, etc.)
❏ Illustrations   ❏ Photographs   ❏ Compilation of terms or data

---

6 **Signature:**

Registration cannot be completed without a signature.

I certify that the statements made by me in this application are correct to the best of my knowledge.

Check one: ❏ Author   ❏ Authorized agent

X _____

D **OPTIONAL**

7 **Name and Address of Person to Contact for Rights and Permissions:**

Phone, fax, and email:

❏ Check here if same as #2 above.

Phone (___) _____ F ax (___) _____

Email _____

---

8 Name _____

Number/Street/Apt. **E** _____

Certificate will be mailed in window envelope to this address:

_____

City _____

State/ZIP _____

Complete this space only if you currently hold a Deposit Account in the Copyright Office.

9 Deposit Account # _____

Name _____

_____

DO NOT WRITE HERE   Page 1 of _____ pages

▓▓▓ MAIL WITH THE FORM ▓▓▓

C

• A $30 filing fee in the form of a check or money order (*no cash*) payable to "Register of Copyrights,"

       and

• One or two copies of the work. If the work is unpublished, send one copy. If published, send two copies of the best published edition. (If first published outside the U.S., send one copy either as first published or of the best edition.) **Note:** Inquire about special requirements for works first published before 1978. Copies submitted become the property of the U.S. Government.

Mail everything (**application form, copy or copies, and fee**) *in one package* to:

    Library of Congress/Copyright Office
    101 Independence Avenue, S.E.
    Washington, D.C. 20559-6000

Reading a Public Notice

Public notices can tell you about events in your community and give you valuable information about safety. When you read a public notice, follow these tips. Each tip relates to a specific part of the notice on the next page.

A Read the notice's **title,** if it has one. The title often gives the main idea or purpose of the notice.

B See if there is a logo, credit, or other way of telling **who created the notice.**

C Search for information that explains **who should read the notice.**

D Look for **instructions**–things the notice is asking or telling you to do.

E See if there are details that tell you how to **find out more** about the topic.

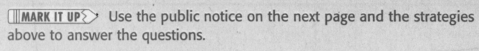 **MARK IT UP** Use the public notice on the next page and the strategies above to answer the questions.

1. What organization sponsored this notice?

_____

2. Who is the intended audience of this notice?

_____

3. When should comments and requests for hearing be received?

_____

4. Where and when may documents about this issue be inspected and copied?

_____

5. Circle the name of the person you should contact for more information about this issue.

6. **ASSESSMENT PRACTICE** Circle the letter of the correct answer.
Controllers Inc. has applied for permission to

A. comment on water pollution in Massachusetts.

B. receive a tax reduction for contributing to the OEP.

C. discharge materials into Massachusetts waters.

D. advertise its services publicly.

Public Notice

Notice No. MAF: 00001234.jlb

Public Notice Beginning Date: January 10, 2007
Public Notice Ending Date: February 10, 2007

A **National Pollutant Discharge Elimination System (NPDES) Permit Program**

PUBLIC NOTICE/FACT SHEET
of
Draft Reissued NPDES Permit to Discharge into Waters of the State

Public Notice/Fact Sheet Issued By:
B OEP
Division of Water Pollution Control
Permit Section, 1234 Main St.
Springfield, Massachusetts
800-555-1212

Name and Address of Discharger:
Christopher Land, Owner
Controllers, Inc.
4321 Lee Way
Springfield, MA

Name and Address of Facility:
Controllers Inc. Plant
Route 90 Exit 4
Springfield, MA

The Organization of Environmental Protection (OEP) has made a tentative
determination to issue a NPDES Permit to discharge into the waters of the state
and has prepared a draft Permit and associated fact sheet for the above named
discharger. The Public Notice period will begin and end on the dates indicated
in the heading of this Public Notice/Fact Sheet. Interested persons are invited **D**
to submit written comments on the draft Permit to the OEP at the above address.
Persons submitting comments and/or requests for public hearing shall also send a
copy of such comments or requests to the Permit applicant.

C The application, engineer's review notes including load limit calculations, Public
Notice/Fact Sheet, draft Permit, comments received, and other documents are
available for inspection and may be copied at the OEP between 9:30 a.m. and 3:30
p.m. Monday through Friday when scheduled by the interested person.

E For further information, please call Clark Pucci at 800-555-1212.

Reading a Web Page

If you need information for a report, project, or hobby, the World Wide Web can probably help you. The tips below will help you understand the Web pages you read. Look at the sample Web page on the right as you read each of the strategies.

A Notice the page's **Web address,** or URL. You might want to write it down or so you can return to the page later.

B Look for **menu bars** along the top, bottom, or side of the page. These guide you to other parts of the site that may be useful.

C Look for **links** to other parts of the site or to related pages. Links are often highlighted in color or underlined.

D Use a **search feature** to quickly find out whether the information you want to locate appears anywhere on the site.

E Many sites have a link that allows you to **contact** the creators with questions or feedback.

MARK IT UP Read the Web site on the opposite page. Then use the information from the site and the tips above to answer the questions.

1. Circle the Web address of this site.

2. Put a check mark by the link you would click to learn more about Algeria.

3. What is the subject of the feature article?

_____

4. Which article provides information about the difficulties of adjusting to multicultural living?

_____

5. If you needed help using this site, which link would you click on?

_____

6. ASSESSMENT PRACTICE Circle the letter of the correct answer.
How can you get a daily *Orbit News* update?
A. Click on Sign Me Up
B. Click on EMAIL
C. Click on News Summary
D. Watch the news on TV at 11:00 p.m.

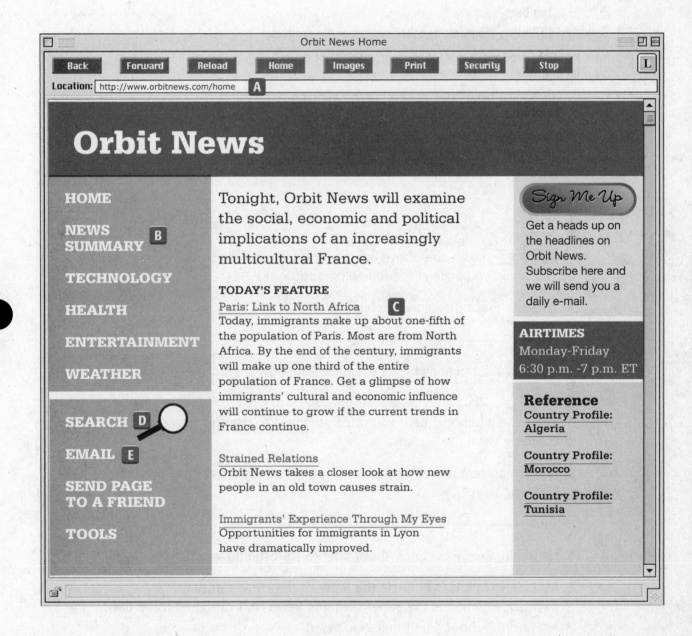

Orbit News

Location: http://www.orbitnews.com/home 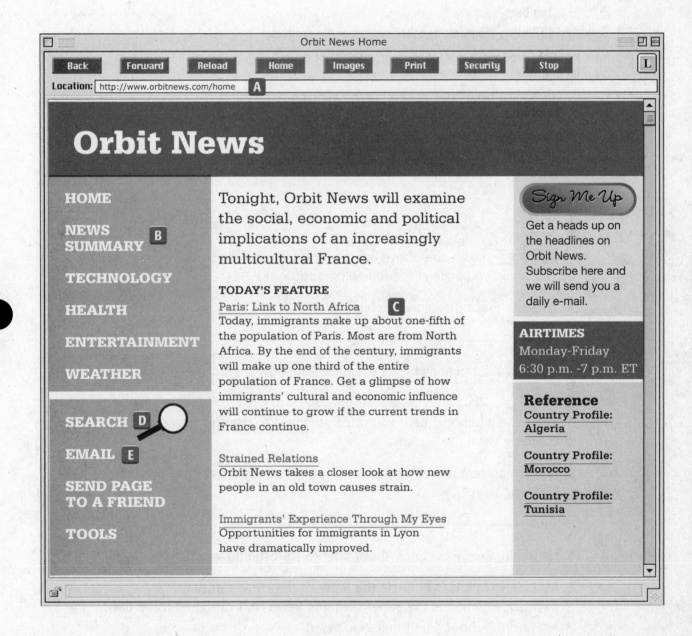A

Orbit News Home

Back Forward Reload Home Images Print Security Stop

HOME

NEWS SUMMARY B

TECHNOLOGY

HEALTH

ENTERTAINMENT

WEATHER

SEARCH D

EMAIL E

SEND PAGE TO A FRIEND

TOOLS

Tonight, Orbit News will examine the social, economic and political implications of an increasingly multicultural France.

TODAY'S FEATURE

Paris: Link to North Africa C
Today, immigrants make up about one-fifth of the population of Paris. Most are from North Africa. By the end of the century, immigrants will make up one third of the entire population of France. Get a glimpse of how immigrants' cultural and economic influence will continue to grow if the current trends in France continue.

Strained Relations
Orbit News takes a closer look at how new people in an old town causes strain.

Immigrants' Experience Through My Eyes
Opportunities for immigrants in Lyon have dramatically improved.

Sign Me Up

Get a heads up on the headlines on Orbit News. Subscribe here and we will send you a daily e-mail.

AIRTIMES
Monday-Friday
6:30 p.m. -7 p.m. ET

Reference
Country Profile:
Algeria

Country Profile:
Morocco

Country Profile:
Tunisia

Reading technical directions will help you understand how to use the products you buy. Use the following tips to help you read a variety of technical directions.

A Scan the **title** and any other important **headings** to understand what topic is being explained.

B **Read all the directions** carefully at least once before using the product.

C Look carefully at any **diagrams** or **other images** of the product.

D Note **labels** or **captions** that identify important parts of the diagram or image.

E Look for **numbers** or **letters** that give the sequence of steps to follow.

MARK IT UP Use the above tips and the technical directions on the next page to help you answer the following questions.

1. What do these directions explain?

_____

2. Circle the instructions for locating the Super Cleaning Valve on the Insect Trapper.

3. Circle the additional item you must purchase to use the Super Cleaning Valve.

4. What important precautions should you take before using the Super Cleaning Valve?

_____

5. Underline the instructions about how to start the flow of CO_2.

6. **ASSESSMENT PRACTICE** Circle the letter of the correct answer.
   In which situation is the Super Cleaning Valve NOT designed to be used?
   A. to troubleshoot a unit that won't start
   B. when a "Gas Empty" fault code has occurred
   C. to clear out fuel line contaminants before storing
   D. without the L-shaped adaptor

A Super Cleaning Valve

Super Cleaning Valve has been installed to clear out propane contaminants in the fuel line which may block the flow of propane from the tank to your Insect Trapper. Refer to Figure B for valve location on your Insect Trapper.

Recommended for use every two tank changes. The valve should be used when "Gas Empty" signal is present, when unit won't start, and before seasonal storage to avoid build up of contaminants during off-season.

The Super Cleaning Valve should be used with the L-shaped adaptor included with your Insect Trapper and a 12 gram threaded CO_2 cylinder (*Fig. A*) available at any bicycle shop.

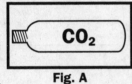

Fig. A

Important: *Extinguish all smoking materials before using Super Cleaning Valve. Use of protective glasses is recommended.*

B Instructions for Use

1. Shut off flow of gas from propane tank.

2. Turn off power on Insect Trapper unit.

3. Remove cap from Super Cleaning Valve on your unit (*Fig. B*).

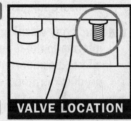

VALVE LOCATION

Fig. B

4. Hand-screw L-shaped adaptor on to Super Cleaning Valve, until tight.

5. Hand-screw CO_2 cylinder into L-shaped adaptor.

6. Unscrew CO_2 cylinder 1/4 of a turn. Flow of CO_2 will begin, lasting 5 minutes.

7. Replace valve cap and proceed with normal start up per instructions in your Insect Trapper manual.

Reading Product Information: Directions for Use

Companies are required by law to offer instructions and warnings about the safe use of their products. Learning to read and follow product guidelines is important for your safety. Look at the sample product information as you read the strategies below.

A Scan **headings** to understand what information about the product is included.

B Read information on the **purpose** or **uses** of the product.

C Look closely at **directions** and **recommendations** to ensure safe use of the product.

D Study any **warnings** or other highlighted information that describe specific dangers, side effects, or important conditions under which the product must be used.

E Look for **contact information** that tells you where to call or write if you have a question about the product.

BUG Gone

Kills ants, roaches, crickets, silverfish, and spiders in the home on contact. **B**

A **Active Ingredients:**

Permethrin	0.2%	Piperonyl butoxide	0.5%
Pyrethrins	0.2%	Inert ingredients	99.1%

Directions for Use: Shake well before each use. Hold container upright. Do not spray up into air. Apply to surfaces only. Spray until surfaces are wet. Avoid excessive wetting of asphalt, tile, rubber, and plastic. Reapply as necessary. **C**

Storage: Store away from heat or open flames, in an area inaccessible to children.

Disposal: This container can be recycled. Before recycling, empty can completely. DO NOT PUNCTURE. If recycling is not available, replace cap, wrap in newspaper, and discard in trash.

PRECAUTIONARY STATEMENTS:

CAUTION: Harmful if swallowed or absorbed through the skin. Avoid breathing spray mist and contact with hands or clothing. Wash hands after use. **If swallowed:** DO NOT INDUCE VOMITING. Contact a physician or Poison Control Center immediately. **If in eyes:** Flush with plenty of water. **If on skin:** Wash promptly with soap and water. **If inhaled:** Remove victim to fresh air. Apply artificial respiration if indicated. **D**

NOTE TO PHYSICIANS: Product contains petroleum distillate (aspiration hazard).

FLAMMABLE: CONTENTS UNDER PRESSURE. Keep away from heat, sparks, open flame, or pilot lights. Do not puncture or incinerate container. Exposure to temperatures above 130 °F may cause bursting.

Questions? Comments? **E**
Call 800-555-1212

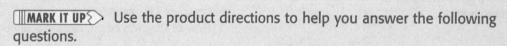 **MARK IT UP** Use the product directions to help you answer the following questions.

1. Underline the instructions to follow if the product is inhaled.

2. Circle the directions about storing the product.

3. What should you do after using the product?

_____

4. Why should the container not be punctured?

_____

5. **ASSESSMENT PRACTICE** Circle the letter of the correct answer.
   Why would someone purchase this product?
   A. to eliminate insects in the garden
   B. to kill various household insects
   C. to reverse the damage done by termites
   D. to protect house plants from infestation

Reading a Recreation Schedule

Knowing how to read a recreation schedule can help you plan events and organize your time wisely. Look at the example as you read each strategy on this list.

A Look at the **title** and other **headings** to know what the schedule covers.

B Identify **labels** that show **dates** or **days of the week** to help you understand how the daily or weekly schedule works.

C Look for **expressions of time** to know what hours or minutes are listed on the schedule.

D Look for specific **locations** or **activities**.

E Look for **changes** or **exceptions** to the regular schedule.

A CO-REC SCHEDULE: September 2–June 6 **E** Note: This schedule is subject to change without notice.			
Day/Area	**M, W, F B**	**Tu, Th, Sa**	**Sun**
Main gym	9:00 AM–4:00 PM	10:00 AM–6:00 PM	Noon–7:00 PM
Softball field	Closed	4:00 AM–7:00 PM	Noon–6:00 PM
Student fitness center **D**	6:30 AM–11:00 PM	6:30 AM–11:00 PM	9:00 AM–8:00 PM
Tennis center	3:00 PM–9:00 PM	1:00 PM–7:00 PM	9:00 AM–1:00 PM
Lap pool	Noon–1:30 PM; **C** 7:00 AM–9:00 PM	Noon–1:30 PM; 7:00 AM–9:00 PM	Noon–4:00 PM

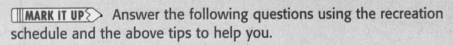 **MARK IT UP** Answer the following questions using the recreation schedule and the above tips to help you.

1. Circle the period of time that is covered by this schedule.

2. At how many different locations are activities scheduled?

_____

3. If you want to play softball, on what days can you use the field?

_____

4. **ASSESSMENT PRACTICE** Circle the letter of the correct answer. If you work until 4:00 PM on Sundays, what facilities can you use afterwards to help you unwind?

   A. student fitness center

   B. student fitness center, main gym

   C. student fitness center, main gym, softball field

   D. student fitness center, main gym, softball field, lap pool

Test Preparation Strategies

In this section you'll find strategies and practice to help you with many different kinds of standardized tests. The strategies apply to questions based on long and short readings, as well as questions about charts, graphs, and product labels. You'll also find examples and practice for revising-and-editing tests and writing tests. Applying the strategies to the practice materials and thinking through the answers will help you succeed in many formal testing situations.

Test Preparation Strategies

You can prepare for tests in several ways. First, study and understand the content that will be on the test. Second, learn as many test-taking techniques as you can. These techniques will help you better understand the questions and how to answer them. Following are some general suggestions for preparing for and taking tests. Starting on page 156, you'll find more detailed suggestions and test-taking practice.

Successful Test Taking

 Study Content Throughout the Year

1. **Master the content of your class.** The best way to study for tests is to read, understand, and review the content of your class. Read your daily assignments carefully. Study the notes that you have taken in class. Participate in class discussions. Work with classmates in small groups to help one another learn. You might trade writing assignments and comment on your classmates' work.

2. **Use your textbook for practice.** Your textbook includes many different types of questions. Some may ask you to talk about a story you just read. Others may ask you to figure out what's wrong with a sentence or how to make a paragraph sound better. Try answering these questions out loud and in writing. This type of practice can make taking a test much easier.

3. **Learn how to understand the information in charts, maps, and graphic organizers.** One type of test question may ask you to look at a graphic organizer, such as a spider map, and explain something about the information you see there. Another type of question may ask you to look at a map to find a particular place. You'll find charts, maps, and graphic organizers to study in your textbook. You'll also find charts, maps, and graphs in your science, mathematics, literature, and social studies textbooks. When you look at these, ask yourself, What information is being presented and why is it important?

4. **Practice taking tests.** Use copies of tests you have taken in the past or in other classes for practice. Every test has a time limit, so set a timer for 15 or 20 minutes and then begin your practice. Try to finish the test in the time you've given yourself.

☑ **Reading Check** In what practical way can your textbook help you prepare for a test?

5. **Talk about test-taking experiences.** After you've taken a classroom test or quiz, talk about it with your teacher and classmates. Which types of questions were the hardest to understand? What made them difficult? Which questions seemed easiest, and why? When you share test-taking techniques with your classmates, everyone can become a successful test taker.

Use Strategies During the Test

1. **Read the directions carefully.** You can't be a successful test taker unless you know exactly what you are expected to do. Look for key words and phrases, such as *circle the best answer, write a paragraph,* or *choose the word that best completes each sentence.*

2. **Learn how to read test questions.** Test questions can sometimes be difficult to figure out. They may include unfamiliar language or be written in an unfamiliar way. Try rephrasing the question in a simpler way using words you understand. Always ask yourself, What type of information does this question want me to provide?

3. **Pay special attention when using a separate answer sheet.** If you accidentally skip a line on an answer sheet, all the rest of your answers may be wrong! Try one or more of the following techniques:

   • Use a ruler on the answer sheet to make sure you are placing your answers on the correct line.

   • After every five answers, check to make sure you're on the right line.

   • Each time you turn a page of the test booklet, check to make sure the number of the question is the same as the number of the answer line on the answer sheet.

   • If the answer sheet has circles, fill them in neatly. A stray pencil mark might cause the scoring machine to count the answer as incorrect.

4. **If you're not sure of the answer,** make your best guess. Unless you've been told that there is a penalty for guessing, choose the answer that you think is likeliest to be correct.

5. **Keep track of the time.** Answering all the questions on a test usually results in a better score. That's why finishing the test is important. Keep track of the time you have left. At the beginning of the test, figure out how many questions you will have to answer by the halfway point in order to finish in the time given.

☑ **Reading Check** What are at least two good ways to avoide skipping lines on an answer sheet?

Understand Types of Test Questions

Most tests include two types of questions: multiple choice and open-ended. Specific strategies will help you understand and correctly answer each type of question.

A **multiple-choice question** has two parts. The first part is the question itself, called the stem. The second part is a series of possible answers. Usually four possible answers are provided, and only one of them is correct. Your task is to choose the correct answer. Here are some strategies to help you do just that.

1. Read and think about each question carefully before looking at the possible answers.

2. Pay close attention to key words in the question. For example, look for the word *not*, as in "Which of the following is not a cause of the conflict in this story?"

3. Read and think about all of the possible answers before making your choice.

4. Reduce the number of choices by eliminating any answers you know are incorrect. Then, think about why some of the remaining choices might also be incorrect.

   • If two of the choices are pretty much the same, both are probably wrong.

   • Answers that contain any of the following words are usually incorrect: *always, never, none, all,* and *only*.

5. If you're still unsure about an answer, see if any of the following applies:

   • When one choice is longer and more detailed than the others, it is often the correct answer.

   • When a choice repeats a word that is in the question, it may be the correct answer.

   • When two choices are direct opposites, one of them is likely the correct answer.

   • When one choice includes one or more of the other choices, it is often the correct answer.

   • When a choice includes the word *some* or *often*, it may be the correct answer.

   • If one of the choices is *All of the above*, make sure that at least two of the other choices seem correct.

   • If one of the choices is *None of the above*, make sure that none of the other choices seems correct.

An **open-ended test item** can take many forms. It might ask you

☑ **Reading Check** What words in a multiple-choice question probably signal a wrong answer?

to write a word or phrase to complete a sentence. You might be asked to create a chart, draw a map, or fill in a graphic organizer. Sometimes, you will be asked to write one or more paragraphs in response to a writing prompt. Use the following strategies when reading and answering open-ended items:

1. If the item includes directions, read them carefully. Take note of any steps required.

2. Look for key words and phrases in the item as you plan how you will respond. Does the item ask you to identify a cause-and-effect relationship or to compare and contrast two or more things? Are you supposed to provide a sequence of events or make a generalization? Does the item ask you to write an essay in which you state your point of view and then try to persuade others that your view is correct?

3. If you're going to be writing a paragraph or more, plan your answer. Jot down notes and a brief outline of what you want to say before you begin writing.

4. Focus your answer. Don't include everything you can think of, but be sure to include everything the item asks for.

5. If you're creating a chart or drawing a map, make sure your work is as clear as possible.

☑ **Reading Check** What are at least three key strategies for answering an open-ended question?

Reading Test Model
LONG SELECTIONS

DIRECTIONS Following is a selection entitled "Cajun Music." Read the passage carefully. The notes in the side columns will help you prepare for the types of questions that are likely to follow a reading like this. You might want to preview the questions on pages 240–241 before you begin reading.

Cajun Music

It's toe-tapping and sing-along, and is one of the great gifts Louisiana French culture has given to the world. The French-speaking people who created Cajun music are called creoles, or Cajuns. The name *Cajuns* is an altered pronunciation of *Acadians*—the French Canadian people who resettled in southern Louisiana.

The music itself is based on French and Acadian folk music liberally seasoned with Spanish, German, Irish, Scottish, Anglo-American, Afro-Caribbean, and Native and African-American influences. Played on a fiddle, guitar, and accordion, or various combinations of those instruments, Cajun music is also usually accompanied by hand-clapping and foot-stomping from both performers and audience. Although it has gone through periods of varying popularity, Cajun music now has devoted fans around the world.

Adding the New One of the factors that makes Cajun music so unique is that it developed in geographic isolation from its French and Acadian origins. Where those folk traditions have remained relatively

READING STRATEGIES FOR ASSESSMENT

Focus on topic sentences. Notice that this topic sentence is also the main idea of the selection.

unchanged over the years, the Cajun tradition incorporated elements of the culture and peoples of its new Louisiana home. Each group added its own distinctive touch to the music:

- Spanish—classical guitar techniques and instruments
- German—accordions and folk melodies
- Irish/Scottish—jigs and hornpipes
- Anglo-American—Virginia reels and square dances
- Native American—dance rhythms and singing style
- Afro-Caribbean—integration of singing and dancing and the syncopated beat
- African-American—the blues, syncopation, and improvisation

The types of subjects dealt with in Cajun music expanded as well. To the animal fables and folk tales they learned from their ancestors and brought with them from Europe, the Cajuns added original tall tales that reflected the anything-is-possible attitude of their new homeland. They also told entertaining stories from life or their imaginations. Everything from Celtic fairies to the alligators in the Louisiana bayous might get turned into a tale and set to music.

Adapting the Old Songs brought over from the old country often got altered by singers who were unfamiliar with specific geographic or cultural references. So, for example, the French song "Le Pont de Nantes" (The Bridge of Nantes) surfaced again on the

Note comparisons. How does Cajun music differ from French and Acadian folk traditions? Why?

Pay attention to supporting details. What new subjects did Cajuns add to the traditional music?

Use context clues to
understand unfamiliar words.
Look for clues in the paragraph
to the meaning of pont. What is
the word in English?

west side of the Atlantic with the titles "Le
Pont de Nane," and "Au Pont du Nord." One
singer solved the problem of what to call the
bridge by just ignoring the first line of the
song—which referred to it—and beginning
with the next line.

The subjects, setting, or tunes of other songs
also might be altered to update the material
or reflect the singer's experiences. "La Veuve
de Sept Ans" (The Seven-Year Widow), which
originally was about a woman left behind
when her husband went off to the Crusades,
was reset by Cajun singers in the American
Civil War. Under the influence of the blues,
many tunes that had been lively and upbeat
became more meditative and melancholy.
The French song "Mon Petit Mari" (My Little
Husband) originally was a bouncy tune that
told the somewhat gruesome story of a very
small man who was eaten by his (or his
wife's) cat. The Cajun interpretation sets the
same lyrics to a slower, sadder melody more
appropriate to the poor man's fate.

Adjusting to Americanization The
lifeblood of Cajun music was change.
However, one aspect of the music that the
Cajuns were determined to retain was the
French language of its lyrics. The political
climate of the early 20th century was working
against them, though. In 1916, teaching French
in the schools was banned and speaking it
was made illegal. In the 1930s, President
Theodore Roosevelt preached assimilation of

foreigners. A policy of Americanization was driving the country, and Cajun music was not immune to its effects.

Some Cajun music produced at that time included English translations of the traditional French lyrics. Other Cajun-style pieces were created with original all-English lyrics and titles like "Alligator Man" and "Bayou Talk." The influence of rock 'n' roll led to a style called Swamp Pop and to the still-popular saying, "See you later, alligator."

Returning to Roots In the 1960s, the pendulum of change swung back toward preserving tradition, and there was a revival of folk music. At the famous Newport Folk Festival in 1964, old-style Cajun musicians shared the stage with folk artists like Bob Dylan and Peter, Paul, and Mary—and got standing ovations.

This successful exposure led to recording contracts, which, in turn, led to more exposure and more support for a revival of the "pure" Cajun tradition. The return-to-roots movement broadened to include political pressure for preservation of the French language and other aspects of Louisiana French culture.

Dewey Balfa, a renowned Cajun musician who was instrumental in this revival movement, sums up the enduring and dynamic nature of the music—and its future:

Cajun music is like a tree. Its roots have to be watered or it will die. But watering the roots is not all. If a tree is alive, it will grow, and that growth is important, too.

Predict what will happen. What effect do you think this success will have on Cajun music?

Draw conclusions. What does Dewey Balfa think will happen to Cajun music?

Now answer questions 1–6. Base your answers on the selection "Cajun Music." Then check yourself by reading through the Answer Strategies in the side columns.

1 What are the origins of Cajun music?

A. creole and Acadian

B. French and Acadian

C. French and Spanish

D. Native American and Afro-Caribbean

2 Which of the following did NOT influence the development of Cajun music?

A. the policy of Americanization

B. the blues

C. the Louisiana Purchase

D. the Newport Folk Festival

3 Why did some words of traditional French songs often get changed?

A. to make the songs more interesting

B. to prove that Cajuns were no longer tied to France

C. because Cajuns spoke English, not French

D. because singers didn't understand what those words referred to and mispronounced them

4 Which style of music developed as a response to Roosevelt's Americanization policy?

   A. Swamp Pop

   B. zydeco

   C. Bob Dylan's folk music

   D. Civil War ballads

> **Don't rely on your memory.** All of the answer choices are mentioned in the selection, so don't get confused. Skim the passage to find the correct answer.

5 Which adjective best describes Cajun music?

   A. melancholy

   B. somber

   C. evolving

   D. unchanging

> **Eliminate words that are synonyms.** If two answer choices mean the same thing, neither one can be correct.

6 How does Cajun music differ from traditional French and Acadian folk music?

> **Plan your response.** Review what you learned about both traditional French/Acadian and Cajun music. Then focus on the ways they differ.

Sample short response for question 6:

Where French and Acadian folk music stayed essentially the same over the years, "the lifeblood of Cajun music was change." Cajun music developed in a new land and incorporated many different styles, instruments, and subjects from European, African, Caribbean, and Native American cultures. It clung to the French language, but not without a struggle against English lyrics and styles like Swamp Pop. Like a tree, it grew outward from its French and Acadian roots.

> **Support your ideas.** Notice how the writer includes specific details—including a direct quotation—from the selection to support statements and presents them in a logical order.

Reading Test Practice
LONG SELECTIONS

DIRECTIONS Now it's time to practice what you've learned about reading test items and choosing the best answers. Read the following selection, "Notre Dame de Chartres." Use the side columns to make notes as you read the passage, focusing on: important ideas, comparisons and contrasts, causes and effects, difficult vocabulary, interesting details, questions you have, predictions you make, and conclusions you draw.

Notre Dame de Chartres

Like all great churches… Chartres expressed, besides whatever else it meant, an emotion, the deepest man ever felt—the struggle of his own littleness to grasp the infinite.

American historian Henry Adams, author of a definitive study of two French cathedrals, *Mont Saint-Michel and Chartres*, described the magnificent medieval cathedral in Chartres, France in those stirring words. Known as Notre Dame de Chartres or the Cathedral of Notre Dame, it is one of France's most beautiful monuments and one of the world's architectural wonders.

The town of Chartres is located about 50 miles southwest of Paris in the northwestern part of France. It is built along the Eure River next to the plain of Beauce. The spires of the cathedral rise high above the plain, which is an important route between Paris and central and southwestern France.

This is an appropriate setting for Notre Dame de Chartres, since the town has a long history of religious connections. Ancient Druid ceremonies were held there, and it was the site of a Roman temple. During the 4th century, it housed a basilica, and eight centuries later, hosted St. Bernard's launching of the Second Crusade. In 1594, Henry IV was crowned there. The town was damaged severely during World War II, but the cathedral survived.

Notre Dame de Chartres was built in only 31 years—between 1194 and 1225—to replace a mid-12th-century church that had burned down, leaving only the main facade. It is a stunning example of French Gothic architecture, and its relatively short and complete construction period gives it a remarkable unity. The façade of the older church, which was incorporated into the new structure, included a triple doorway and two tall spires. No other comparable French church has any spires at all, let alone two of this grandeur.

One spire—called the New Tower, though it is really the older of the two—has an ornate extension added during the 17th century. The other, the Old Tower, is simpler and 30 feet shorter. Both are examples of the Romanesque style, which preceded the Gothic and is characterized by round arches and much ornamentation. According to Adams, almost everyone who views the cathedral's spires is amazed that:

> the smaller of the two, the simpler, the one that impresses them least, is the one which they are expected to recognize as the most perfect piece of architecture in the world.

The cathedral is constructed of limestone and is 427 feet long and 112 feet high. Its 52-foot wide nave, or central aisle, is the largest of any French cathedral. At the center of the nave is a maze with 320 yards of winding passages that the faithful often navigated on their knees.

Notre Dame de Chartres is not nearly as tall as other cathedrals. The vault at Beauvais rises to nearly 160 feet, and St. Peter's in Rome reaches 150 feet. Nevertheless, the Cathedral of Notre Dame seems to soar as high because its Gothic style creates an illusion of height. It does this by combining ribbed ceilings, pointed arches, and half arches called flying buttresses. The primary purpose of these innovations is actually structural, though, since they enable architects to distribute the weight of long, high ceilings along arched supports, rather than using thick supporting walls.

Another characteristic that contributes to the cathedral's impression of size is its openness to light. As Henry Adams said, "The necessity for light was the motive of the Gothic architects." The interior of the cathedral glows warmly with sun filtered through incomparable stained-glass windows. The 12th-century glass from which they were made is considered to be among the best ever created.

Blue has an intense radiating power, and the test of a stained-glass artist is the way he handles it. The lucid, vibrating blue of three windows in the main transept (the aisle that crosses the nave at right angles) attests to the artistry that went into the making of Chartres. The fact that the windows are created on a flat plane with no perspective seems to enhance the transmission of light.

Perhaps the most magnificent window is the rose window. "The rose redeems everything, dominates everything, and gives character to the whole church," claimed Henry Adams. As viewed from outside the church, the rose window is positioned between the two spires. It consists of a central stained-glass circle surrounded by twelve petals, which, in turn, are surrounded by twelve circles. A diamond-shaped opening between each pair of outer circles admits focused beams of light amid the stained-glass spectrum. From the inside, the window captures viewers' eyes and draws them to the windows in the transept, where the rose theme is repeated.

As if that weren't dazzling enough, the cathedral includes 19 statues that rival the best sculpture anywhere. The remains of an original 24 saints, kings, queens, and prophets, these figures are elongated and stiff-looking. However, they perfectly complement the architecture and contribute to the cathedral's overpowering sense of verticality.

Words can't do the Cathedral of Notre Dame justice, and, if you are motivated to see it for yourself, take a tip from Henry Adams. "For a first visit to Chartres, choose some pleasant morning when the lights are soft...."

Now answer questions 1–6. Base your answers on the selection "Notre Dame de Chartres."

1 What is the primary purpose of this selection?

A. to entice tourists to visit Notre Dame de Chartres

B. to compare Romanesque and Gothic cathedrals

C. to explain the art of stained-glass making

D. to describe the history, structure, and impact of Notre Dame de Chartres

2 Why is Henry Adams a reliable source of information about the Cathedral of Notre Dame?

A. He is an expert on Gothic architecture.

B. He wrote a book about Notre Dame de Chartres.

C. He is an expert on the history of American architecture.

D. He conducts tours of French cathedrals.

3 Which of the following is NOT a feature of Notre Dame de Chartres?

A. rose windows

B. flying buttresses

C. rounded Romanesque arches

D. Romanesque spires

4 In what way did the cathedral's structure meet the Gothic "necessity for light"?

    A. with many stained-glass windows and arches that create an illusion of height

    B. with two spires reaching toward the sun

    C. through mazes opening out of darkness

    D. by being constructed of white limestone

5 What does Adams consider to be the most impressive aspect of Notre Dame de Chartres?

    A. the towering spires

    B. the nave and maze

    C. the rose window

    D. the human statues

6 In what ways does the structure of Notre Dame de Chartres represent people's attempt to "grasp the infinite"?

THINKING IT THROUGH

The notes in the side columns will help you think through your answers. See the answer key at the bottom of the next page. How well did you do?

1 What is the primary purpose of this selection?

> Remember that the author's purpose should be a broad statement that encompasses all the information presented in the selection. Eliminate the two statements that focus on specific details and the one that isn't discussed in the selection at all.

A. to entice tourists to visit Notre Dame de Chartres

B. to compare Romanesque and Gothic cathedrals

C. to explain the art of stained-glass making

D. to describe the history, structure, and impact of Notre Dame de Chartres

2 Why is Henry Adams a reliable source of information about the Cathedral of Notre Dame?

> Skim the selection to find the information about Henry Adams. Three of the choices are incorrect inferences that are not supported by details in the article.

A. He is an expert on Gothic architecture.

B. He wrote a book about Notre Dame de Chartres.

C. He is an expert on the history of American architecture.

D. He conducts tours of French cathedrals.

3 Which of the following is NOT a feature of Notre Dame de Chartres?

> Notice from the way the question is worded that three of the answer choices ARE features of Notre Dame de Chartres. You may have to reread the selection carefully to find the one that isn't.

A. rose windows

B. flying buttresses

C. rounded Romanesque arches

D. Romanesque spires

4 In what way did the cathedral's structure meet the Gothic "necessity for light"?

   A. with many stained-glass windows and arches that create an illusion of height

   B. with two spires reaching toward the sun

   C. through mazes opening out of darkness

   D. by being constructed of white limestone

All the answer choices may seem plausible, so don't guess. Locate the quoted phrase in the selection and skim the material around it.

5 What does Adams consider to be the most impressive aspect of Notre Dame de Chartres?

   A. the towering spires

   B. the nave and maze

   C. the rose window

   D. the human statues

The fact that the question asks for Henry Adams's opinion is a clue that the answer is found in a quotation from him in the article. So look back at the quoted material, and don't be fooled by the positive view of all the answer choices.

6 In what ways does the structure of Notre Dame de Chartres represent people's attempt to "grasp the infinite"?

For most people, a sense of the infinite comes from looking up at the stars at night. So, anything that draws us upward helps us grasp the infinite. The Gothic architecture of Notre Dame de Chartres does this by creating a sense of height. The pointed arches, flying buttresses, and ribbed ceilings engage people's eyes and lure them toward the sky. In addition, the light that filters through all the stained-glass windows connects us with our distant sun.

This is considered a strong response because it:
• addresses the question fully.
• defines important terms.
• includes relevant details from the selection to support statements.
• Is well-organized and clearly and correctly written.

Answers:
1. D, 2. B, 3. C, 4. A, 5. C

Reading Test Model
SHORT SELECTIONS

DIRECTIONS "Saving Lives" is a short informative article. The strategies you have just learned can also help you with this shorter selection. As you read the selection, respond to the notes in the side column.

When you've finished reading, answer the multiple-choice questions. Use the side-column notes to help you understand what each question is asking and why each answer is correct.

Saving Lives

Médecins Sans Frontières (Doctors Without Borders) is a humanitarian group started in 1971 by ten French doctors. They felt the Red Cross was too careful not to offend host governments, and they disagreed with its policy of neutrality. Médecins Sans Frontières sends volunteers to over 80 countries each year to provide medical relief to people in need, including refugees, victims of famine or other natural disasters, and civilians in war zones.

The group's first major relief mission was in Nicaragua in 1972, when it helped the victims of an earthquake there. Since then, the group has had major missions in Lebanon, Afghanistan, many African countries, and other places around the world.

The organization's volunteers come from many countries, though France is still well represented: about 25 percent of them are French, while the rest are of about 45 different nationalities. Médecins Sans Frontières won the Nobel Peace Prize in 1999. The Nobel

READING STRATEGIES FOR ASSESSMENT

Note important details. What details expand the topic sentence in this paragraph?

committee said of Médecins Sans Frontières, *...each fearless and self-sacrificing helper shows each victim a human face, stands for respect for that person's dignity, and is a source of hope for peace and reconciliation.*

1 Which of the following best explains the purpose of the article?

A. to persuade the reader that Médecins Sans Frontières is a better organization than the Red Cross

B. to describe the history of medical relief efforts in Nicaragua

C. to inform the reader about Médecins Sans Frontières

D. to entertain the reader with stories of the good deeds done by Médecins Sans Frontières

> **Identify the focus.** Each answer choice offers information from the article, but only one choice explains what the entire article is about.

2 Which of the following did Médecins Sans Frontières win?

A. the Nobel Prize in Literature

B. the Nobel Peace Prize

C. the Nobel Prize in Medicine

D. the Nobel Prize in Humanitarianism

> **Read details carefully.** Is there a Nobel Prize in Humanitarianism? Which specific prize did the group win in 1999?

3 Which of the following best explains the founders' disagreement with the Red Cross?

A. disagreed with policy of neutrality and pacifism

B. disagreed with policy of helping people in poor countries

C. disagreed with policy of not offending host governments and the name "Red Cross"

D. disagreed with policy of neutrality and not offending host governments

> **Read details carefully. Evaluate details.** Think about why the organization's founders started the group and what the subject of the article is. Which answer choice makes the most sense, given these two pieces of information?

READING STRATEGIES FOR ASSESSMENT

Read the title. What does the title tell you about the information displayed in these graphs?

_____

_____

_____

_____

Read the chart. Which pattern represents the rural population? The urban population?

_____

_____

_____

ANSWER STRATEGIES

Interpret the question accurately. Are cities urban or rural?

Draw conclusions based on facts. Answer choices A and B contradict the information in the graphs. Why is answer choice D not a logical conclusion?

DIRECTIONS Some test questions ask you to analyze a visual rather than a reading selection. Study this chart carefully and answer the questions that follow.

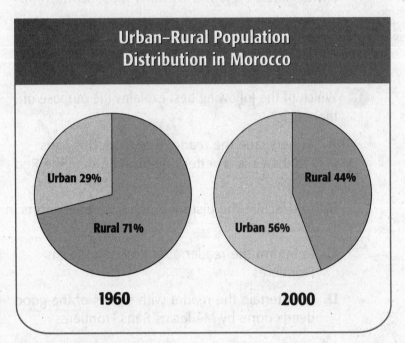

Urban–Rural Population Distribution in Morocco

Urban 29%
Rural 71%
1960

Rural 44%
Urban 56%
2000

Source: U.N. Population Division

4 What percentage of Moroccans lived in cities in 2000?

   A. 29

   B. 44

   C. 56

   D. 71

5 Which of the following best explains what happened to Morocco's population between 1960 and 2000?

   A. The majority of Moroccans returned to farmlands.

   B. The urban population shrank.

   C. The majority of Moroccans migrated to cities.

   D. Morocco produced less and less food.

Answers: 1.C, 2.B, 3.D, 4.C, 5.C

Discovering French, Nouveau! Level 3

Reading Test Practice
SHORT SELECTIONS

DIRECTIONS Use the following selection to practice your skills. Read the selection carefully. Then answer the multiple-choice questions that follow.

The Real Casablanca

Casablanca isn't just a classic movie. It's also a place—a city in Morocco. It is a big city, in fact the country's largest, not a small romantic town as in the film. The name *Casablanca* came from Spanish merchants, who borrowed a similar Portuguese name. French merchants called it "Maison blanche." The city was occupied by the French in 1907 and became Morocco's main port during the French protectorate, from 1912 to 1956. During that time, much of the country was under French control. Trade with Europe in textiles and other products helped Casablanca to grow. The French widened the city's avenues, created public parks, and built new buildings. Morocco became an independent country again in 1956.

Today, Casablanca is the economic capital of Morocco and is still a major port for European ships. More than half of Morocco's industrial production—in textiles, electronics, leather works, food canning, and drinks of various kinds—happens there. Fishing is also important. Casablanca has both Arab and French schools; Arabic is the official language, but French is still spoken there. France remains Morocco's largest import and export partner. Even though it is perhaps less romantic than its counterpart in film, the real Casablanca certainly has much to offer its country and the world.

1 Which is the main idea of this selection?

A. Casablanca is small and romantic, very similar to its namesake of film fame.

B. Casablanca is a center of industry in modern Morocco.

C. Casablanca is a large, modern city unlike the small town depicted in the famous film.

D. Casablanca grew due to trade with Europe.

2 Which of the following best defines the word *protectorate*?

A. a division similar to a département of France

B. a country or region protected and partially controlled by a superior power

C. a colony

D. a country or region fully independent from but protected by a superior power

DIRECTIONS Some test questions ask you to analyze a visual rather than a reading selection. Study this chart carefully and answer the questions that follow.

Comparing Population Growth: Canada and Morocco					
	Population (millions)				
	1950	1970	1990	2000	2015 (projected)
Canada	14	21.7	27.8	31.3	35.7
Morocco	9.3	15.9	24.7	30.1	37.8

Source: U.S. Census Bureau, International Data Base

3 What was the population of Morocco in 1990?

A. 21.7 million

B. 24.7 million

C. 24.7 thousand

D. 30.1 thousand

4 When does the chart show the population of Morocco exceeding that of Canada?

A. 2015

B. 2000

C. 1990

D. 1970

5 Between what years did Morocco experience the greatest population growth?

A. between 2000 and 2015

B. between 1990 and 2000

C. between 1970 and 1990

D. between 1950 and 1970

THINKING IT THROUGH

The notes in the side columns will help you think through your answers. Check the key at the bottom of the page. How well did you do?

ANSWER STRATEGIES

1 Which is the main idea of this selection?

A. Casablanca is small and romantic, very similar to its namesake of film fame.

B. Casablanca is a center of industry in modern Morocco.

C. Casablanca is a large, modern city unlike the small town depicted in the famous film.

D. Casablanca grew due to trade with Europe.

> Each answer choice offers information from the article, but only one choice explains what the entire article is about. Often, the main idea can be found in the first few or last few sentences of a passage.

2 Which of the following best defines the word protectorate?

A. a division similar to a département of France

B. a country or region protected and partially controlled by a superior power

C. a colony

D. a country or region fully independent from but protected by a superior power

> If you read the first paragraph again and look for clues, you should be able to find the answer.

3 What was the population of Morocco in 1990?

A. 21.7 million

B. 24.7 million

C. 24.7 thousand

D. 30.1 thousand

> Read down and across carefully to find the correct answer.

Understand that the word exceeding in this context means "becoming greater than."

4 When does the chart show the population of Morocco exceeding that of Canada?

A. 2015

B. 2000

C. 1990

D. 1970

Look at the figures in the chart for the years listed in each answer choice and subtract the smaller number from the larger number. For what years was the increase the largest?

5 Between what years did Morocco experience the greatest population growth?

A. between 2000 and 2015

B. between 1990 and 2000

C. between 1970 and 1990

D. between 1950 and 1970

Functional Reading Test Model

DIRECTIONS Study the following information from the back of a bottle of Sof–Ray Sunscreen Lotion. Then answer the questions that follow.

Excessive exposure to the sun's rays can lead to premature aging of the skin, other signs of skin damage, and some forms of skin cancer. Regular use of Sof–Ray Sunscreen Lotion according to the following directions may reduce the effects of overexposure to the sun.

Sof–Ray Sunscreen Lotion is water–resistant, PABA–free, and won't clog pores.

Sof–Ray Sunscreen Lotion is a broad–spectrum sunscreen for use by adults and children 6 months of age and older.

DIRECTIONS: Apply liberally and evenly to the skin thirty minutes before exposure to the sun. Reapply sunscreen after swimming for more than 90 minutes, towel–drying, or perspiring excessively.

The minimum recommended SPF for children under 2 years of age is 4. Consult your physician before using sunscreen on children under 6 months of age.

WARNINGS: This product is for external use only. Do not swallow. If product is accidentally swallowed, seek medical help immediately or contact your local Poison Control Center for instructions. Avoid contact with eyes. Should this product get into the eyes, rinse eyes thoroughly with cold water. Stop using this product if skin becomes irritated or a rash appears. If irritation or rash persists, seek medical assistance. Do not use on children under 6 months of age except on the advice of your physician. Keep this product and all drugs out of the reach of children.

READING STRATEGIES FOR ASSESSMENT

Read the information carefully. Each section contains important information about the use of this product, including what to do if problems occur.

Consider type style. Boldfaced words indicate the type of information that follows.

Claims are typically included with the general information or the "Indications for Use." Which answer choice appears in neither place?

1 Which of the following claims is NOT made for Sof–Ray Sunscreen Lotion?

- **A.** lasts all day
- **B.** PABA–free
- **C.** won't clog pores
- **D.** water–resistant

Read the "Warnings" carefully to discover what to do when problems occur.

2 What should you do if the sunscreen gets into your eyes?

- **A.** Call your physician.
- **B.** Rinse thoroughly with cold water.
- **C.** Contact your Poison Control Center.
- **D.** Stop using the product.

Choice "C" is obviously incorrect. Which of the remaining choices appears in the "Directions?"

3 When should you reapply the sunscreen?

- **A.** every 90 minutes
- **B.** after towel–drying
- **C.** after consulting your physician
- **D.** every 30 minutes

Functional Reading Test Practice

DIRECTIONS Study the following nutritional label for butter biscuits. Circle the information that you think is the most important. Then answer the multiple–choice questions that follow.

Nutrition Facts

Serving size 4 biscuits (33g)
Servings Per Container 6

Amount Per Serving

Calories 140
Calories from Fat 35

	% Daily Value*
Total Fat 4g	6%
Saturated Fat 2.5g	12%

Cholesterol 10mg	3%
Sodium 160mg	7%
Total Carbohydrate 26g	9%
Dietary Fiber 1g	4%
Sugars 7g	
Protein 3g	

Vitamin A 0% • Vitamin C 0%
Calcium 0% • Iron 0%

* Percent Daily Values are based on a 2,000 calorie diet.

1 How many grams of saturated fat does this package of biscuits have?

A. 1 gram   **C.** 15 grams

B. 2.5 grams   **D.** 50 grams

2 How many calories does three servings of biscuits have?

A. 420   **C.** 1,300

B. 135   **D.** 450

3 The total fat in one serving of biscuits represents what percent daily value?

A. 5%   **C.** 45%

B. 6%   **D.** 80%

4 How much does one serving of biscuits weigh in grams?

A. 1 gram   **C.** 20 grams

B. 10 grams   **D.** 33 grams

THINKING IT THROUGH

The notes in the side column will help you think through your answers. Check the answer key at the bottom of the page. How well did you do?

Notice that the question is about the entire package, so you'll have to multiply by the number of servings the package holds to get the correct answer.

1 How many grams of saturated fat does this package of biscuits have?

A. 1 gram

B. 2.5 grams

C. 15 grams

D. 50 grams

Again, multiplication is the key to find the correct answer.

2 How many calories does three servings of biscuits have?

A. 420

B. 135

C. 1,300

D. 450

Read the label carefully to locate the % Daily Value for total fat.

3 The total fat in one serving of biscuits represents what percent daily value?

A. 5%

B. 6%

C. 45%

D. 80%

This information is supplied on the label next to the serving size.

4 How much does one serving of biscuits weigh in grams?

A. 1 gram

B. 10 grams

C. 20 grams

D. 33 grams

Answers:
1. C, 2. A, 3. B, 4. D

Revising-and-Editing Test Model

DIRECTIONS Read the following paragraph carefully. Then answer the multiple-choice questions that follow. After answering the questions, read the material in the side columns to check your answer strategies.

¹The ancient Gauls were one of the most importantest peoples in what is now France. ²As early as the 5th century B.C., the Gauls had migrated south to the Mediterranean in 390 B.C., they sacked the city of Rome. ³Julius Caesar conquered Gaul in 58–50 B.C. and during 53–50 a Gaul leader named Vercingetorix led a revolt against him. ⁴Caesar let the Gauls keep some control of their citys. ⁵Because of this, many Gaul soldiers chose to help him in subsequent wars.

ANSWER STRATEGIES

1. Which of the following is the best way to revise the first half of sentence 1?

   A. The ancient Gauls were one of the importantest peoples...

   B. The ancient Gauls was one of the most importantest people...

   C. The ancient Gauls was one of the most importantest peoples...

   D. The ancient Gauls were one of the most important peoples...

Verb Agreement and Comparisons *Gauls* is plural and requires a plural verb form. The superlative form of the modifier *important* is not formed by adding *-est*.

2. Which sentence in the paragraph is a run-on?

   A. sentence 1

   B. sentence 2

   C. sentence 4

   D. sentence 5

Run-on Sentences Two or more complete thoughts run together with no punctuation is a run-on sentence.

3 Which of the following is the best way to fix sentence 2?

A. ...the Gauls had migrated south to the Mediterranean, in 390 B.C., they sacked the city of Rome.

B. ...the Gauls had migrated south to the Mediterranean. In 390 B.C., they sacked the city of Rome.

C. ...the Gauls had migrated south to the Mediterranean: in 390 B.C., they sacked the city of Rome.

D. ...the Gauls had migrated south; to the Mediterranean. In 390 B.C., they sacked the city of Rome.

4 What change, if any, should be made to sentence 4?

A. no change

B. ...keep some control, of their citys.

C. ...keep some control of their cities.

D. ...keep some control of there citys.

5 Which of the following is the best definition for *subsequent*?

A. happening in the past

B. following in time or order

C. following in size or strength

D. preceding in time or order

Revising-and-Editing Test Practice

DIRECTIONS Read the following paragraph carefully. As you read, circle each error that you find and identify the error in the side column—for example, misspelled word or incorrect punctuation. When you have finished, circle the letter of the correct choice for each question that follows.

> ¹The ethnic makeup of Réunion is shaped by immigration to the island. ²When the Portuguese discovered the island in the 1500s. ³There was no people there. ⁴The French East India company settled the island in 1642. ⁵The French brang enslaved Africans to the island to work on plantations. ⁶After slavery was abolished, indentured labourers who came to the island included the following Malays, Annamites, Chinese, and Malabar Indians.

1 What change, if any, should be made to sentence 1?

   A. Change *immigration* to *emigration.*

   B. Change *is* to *was.*

   C. Change *island* to *Island.*

   D. No change is needed.

2 Sentence 2 is a fragment. Which of the following shows the best way to fix the fragment?

   A. Add it to the beginning of sentence 1.

   B. Add it to the beginning of sentence 3 with a semicolon after *1500s.*

   C. Add it to the beginning of sentence 3 with a comma after *1500s.*

   D. Add it to the end of sentence 1 with a comma after *immigration to the island.*

3 What change, if any, should be made to sentence 3?

    A. Change *was* to *were.*

    B. Change *there* to *their.*

    C. Change *was* to *is.*

    D. No change is needed.

4 Which word in sentence 4 should be capitalized?

    A. *island*

    B. *company*

    C. *settled*

    D. *India*

5 What change, if any, should be made to sentence 5?

    A. Change *island* to *Island.*

    B. Change *Africans* to *africans.*

    C. Change *brang* to *brought.*

    D. No change is needed.

6 What punctuation is missing in sentence 6?

    A. semicolon after *following*

    B. colon after *following*

    C. comma after *following*

    D. dash after *following*

THINKING IT THROUGH

Use the notes in the side columns to help you understand why some answers are correct and others are not. Check the answer key on the next page. How well did you do?

1 What change, if any, should be made to sentence 1?

A. Change *immigration* to *emigration*.

B. Change *is* to *was*.

C. Change *island* to *Island*.

D. No change is needed.

> Remember that verb tense should be consistent within a paragraph. In what tense are the verbs in the rest of the paragraph take?

2 Sentence 2 is a fragment. Which of the following shows the best way to fix the fragment?

A. Add it to the beginning of sentence 1.

B. Add it to the beginning of sentence 3 with a semicolon after *1500s*.

C. Add it to the beginning of sentence 3 with a comma after *1500s*.

D. Add it to the end of sentence 1 with a comma after *immigration to the island*.

> Sentence 1 makes no sense if you read it with sentence 2 attached to the beginning or end, so two answer choices can be eliminated. Treat the fragment as an introductory clause to sentence 3.

3 What change, if any, should be made to sentence 3?

A. Change *was* to *were*.

B. Change *there* to *their*.

C. Change *is* to *was*.

D. No change is needed.

> Subjects and verbs must agree. That is, a plural subject must have a plural verb. What is the subject of sentence 3? Is it singular or plural?

4 Which word in sentence 4 should be capitalized?

A. *island*

B. *company*

C. *settled*

D. *India*

5 What change, if any, should be made to sentence 5?

A. Change *island* to *Island*.

B. Change *Africans* to *africans*.

C. Change *brang* to *brought*.

D. No change is needed.

6 What punctuation is missing in sentence 6?

A. semicolon after *following*

B. colon after *following*

C. comma after *following*

D. dash after *following*

Writing Test Model

DIRECTIONS Many tests ask you to write an essay in response to a writing prompt. A writing prompt is a brief statement that describes a writing situation. Some writing prompts ask you to explain *what, why,* or *how.* Others ask you to convince someone about something.

As you analyze the following writing prompts, read and respond to the notes in the side columns. Then look at the response to each prompt. The notes in the side columns will help you understand why each response is considered strong.

Prompt A

Because the United States is home to many cultures, it is also home to many cuisines. Think about the ethnic foods you have tasted. Which cuisine do you enjoy the most?

Now write an essay that describes your favorite cuisine. Be specific about the foods you enjoy and list the reasons why.

Strong Response

Midweek at Lincoln Prep offers a special treat. Each Wednesday, the cafeteria features the cuisine of a different culture. I've enjoyed curries from India, satays from Thailand, and falafel from Israel. Pasta from Italy is always a popular choice, as is Japanese tempura. I have to confess, however, that my favorite dishes can be found across the Atlantic in France.

I've tried dishes with French names at restaurants before, but it wasn't until my family spent two weeks touring France last summer that I discovered how rich and varied French cuisine really is. The simplest meals were some of the best. When I was in Paris,

ANALYZING THE PROMPT

Identify the topic. Read the entire prompt carefully. Underline the topic of the essay you will write.

Understand what's expected of you. The second paragraph of the prompt explains what you must do and offers suggestions on how to create a successful response.

ANSWER STRATEGIES

Draw the reader in with an interesting opening paragraph. The writer includes a number of examples to introduce her topic— French food.

Include personal experiences when appropriate. The writer uses a family vacation as the backdrop for discussing French food.

Define unfamiliar terms. The writer includes some French words but is careful to define them for the reader.

my favorite thing to have for breakfast was *chocolat chaud* (hot chocolate). During the afternoon, we'd stop at a bakery and get sandwiches such as *jambon beurre*, a ham and butter sandwich on French bread. Sometimes we'd splurge and get a *crêpe au chocolat*, a thin pancake with chocolate spread inside.

Include vivid descriptions. Sensory details bring the description to life.

When we arrived in the city of Rouens in Normandy, which is to the northwest of Paris, the food took on a different character. One night for dinner we had *galettes*, a thick type of *crêpe* made with buckwheat and a choice of fillings. The possibilities were almost endless, but my favorite was the classic *mixte*, with eggs, cheese, and ham. To drink, we had delicious homemade cider served in small wooden bowls.

Normandy offered more surprises. One night we had wild boar! Green beans and onion tart came next. Fresh salad and Camembert, the region's well-known soft cheese, rounded out the meal.

Conclude the essay effectively. The writer encourages the reader to sample authentic French food as he and his family did.

Anyone whose idea of French food is limited to French fries, French toast, or croissants should take a trip to France. As my family and I discovered, there's a lot more to French food than fancy sauces and exotic names.

Prompt B

Schools regularly test students to see how well they are doing in important subjects like science, math, language arts, and social studies. Teachers have to spend a lot of time preparing students for these tests. This often means that other subjects, such as drama, music, and art, are taught only occasionally or sometimes not at all. How important do you think it is for students to learn about music and art? Are these subjects as important as history and algebra?

Write an editorial for your school or community newspaper in which you talk about the importance of teaching the arts in school. Are you in favor of spending more time on these subjects, or are other classes more important? Be sure your position is clear and that you support your position with convincing reasons.

Strong Response

Two years ago, Jefferson High School dropped its classes in fine arts. The school council said that more class time was needed to prepare students for the Third-Year-Achievement Exams (TYAEs). Clearly, the TYAEs are an important measure of students' progress. However, preparing students to take tests is not our schools' primary mission. Schools must produce well-educated students, and that education must be balanced and well-rounded. The fine arts classes at Jefferson High School should be restored.

ANALYZING THE PROMPT

Identify the topic. The first paragraph offers some background information and introduces the topic you will write about. Restate the topic in your own words.

Know what's expected of you. The second paragraph of the prompt lets you know that you're going to write an editorial in which you take a position and provide arguments to support that position.

ANSWER STRATEGIES

Clearly state your opinion. The writer believes that classes in the arts should be restored.

Everyone agrees that science, math, language arts, and social studies are important subject areas. To achieve success in life, students must understand the principles of science and mathematics, how the past has shaped the present and will affect the future, and how to read well and express themselves clearly and effectively.

Equally important, however, is cultural knowledge. Music, for example, is a powerful force in teenagers' lives. Schools should teach students about the history of music, its many forms, and how it differs from one culture to the next. There is so much more to music than just rock and hip-hop.

The same is true for art. Very early in life, children of all cultures display a desire to express themselves artistically with finger paints and coloring books. As children grow, they should be taught about artistic expression throughout history and cultures—painting, drawing, sculpture, weaving, architecture, and so on. This can't be accomplished with just an occasional field trip to an art museum.

It is true that classroom time is limited and that teachers already have a hard time accomplishing everything that state and local school boards demand. Nevertheless, time must be found to incorporate the arts into school curriculums so that graduates will have more to show for their four years in high school than just mastery of the "Three Rs."

Writing Test Practice

DIRECTIONS Read the following writing prompt. Using the Strategies you've learned in this section, analyze the prompt, plan your response, and then write an essay explaining your position.

Prompt C

The public library system in your community has decided to install internet filters on all computers intended for public use. These filters will block Web sites that the library board decides are unsuitable for its patrons.

Think about internet filters. What is the purpose of these filters? How well do they work? What are the benefits and drawbacks of these filters? Then write a letter to the library board expressing your support for internet filters or your objection to them. State your argument clearly, point by point, and provide convincing support for each point you make.

Scoring Rubrics

DIRECTIONS Use the following checklist to see whether you have written a strong persuasive essay. You will have succeeded if you can check nearly all of the items.

The Prompt

☐ My response meets all the requirements stated in the prompt.

☐ I have stated my position clearly and supported it with details.

☐ I have addressed the audience appropriately.

☐ My essay fits the type of writing suggested in the prompt (letter to the editor, article for the school paper, and so on).

Reasons

☐ The reasons I offer really support my position.

☐ My audience will find the reasons convincing.

☐ I have stated my reasons clearly.

☐ I have given at least three reasons.

☐ I have supported my reasons with sufficient facts, examples, quotations, and other details.

☐ I have presented and responded to opposing arguments.

☐ My reasoning is sound. I have avoided faulty logic.

Order and Arrangement

☐ I have included a strong introduction.

☐ I have included a strong conclusion.

☐ The reasons are arranged in a logical order.

Word Choice

☐ The language of my essay is appropriate for my audience.

☐ I have used precise, vivid words and persuasive language.

Fluency

☐ I have used sentences of varying lengths and structures.

☐ I have connected ideas with transitions and other devices.

☐ I have used correct spelling, punctuation, and grammar.

Notes

Notes

Notes

Notes

Notes

Notes

Credits

Acknowledgments

Eugène Ionesco, "Deuxième conte pour enfants de moins de trios ans," from Présent passé, Passé présent, © 1968 Mercure de France. Sempé/Goscinny, "King," from Les Aventures de petit Nicolas, © Éditions Gallimard. Guy de Maupassant, "En Voyage," Le Gaulois, May 10, 1883. "Les pêches" by André Theuriet and adapted by D. C. Heath. "Le bracelet," from Contes de Michelle Maurois by Michelle Maurois, © Meiden, Boston, Houghton Mifflin. "Le Portrait," from L'île introuvable by Yves Thériault, © 1968 Éditions du jour. From Le Petit Prince by Antoine de Saint-Exupéry. Copyright 1943 Harcourt Inc. Copyright renewed 1971 by Consuelo de Saint-Exupéry. Reprinted by permission of Harcourt, Inc. Eugène Ionesco, from La cantatrice chauve, © Éditions Gallimard, 1954. "Le vent" by Émile Verhaeren (1855-1916). "Chanson d'automne" by Paul Verlaine (1844-1896). From La Civilisation, ma Mère!... by Driss Chraïbi, © Éditions Denoël, 1972. "Le loup blanc," from Histoires merveilleuses des cinq continents by Ré et Philippe Soupault.© Ré et Philippe Soupault, Éditions Seghers, Paris. Sempé/Goscinny, "C'est papa qui décide," from Les vacances du petit Nicolas, © Éditions Gallimard. Sempé/Goscinny, "La gym," from Les vacances du petit Nicolas, © Éditions Gallimard. From Le bourgeois gentilhomme by Molière (1622-1673). From En attendant Godot by Samuel Beckett, © 1952 by Les Éditions de Minuit. From Le tour du monde en quatre-vingts jours by Jules Verne (1828-1905).

Illustration

Francis Black: 75, 79, 81, 82 **Jean-Louis Besson:** 57 **Partick Deubelbeiss:** 4, 14 **Chris Demarest:** 21—23, 25 **Phillippe Dumas:** 88 **Jacques Ferrandez:** 40–47 **MapQuest.com, Inc.** 201, 217 **Winslow Pinney Pels:** 99–102, 105–106 **Lauren Scheuer:** 30–32 **Lorraine Silvestri:** 61, 65–67, 69, 71 **Fabrice Weiss:** 51, 53, 57

Photography

3 Eva Rudling/Sipa Press; **88** Tom Craig/McDougal Littell/Houghton Mifflin Co.; **99** Canapress Photo Service; **199** Three Studies of Cardinal Richelieu. Phillippe de Champaigne, National Gallery, London/Art Resource; **203** clockwise from top; Yann Arthus-Bertrand/Corbis; Breck P. Kent; Jeff Scovil; Vittoriano Rastelli/Corbis; Breck P. Kent; **207** Bettmann/Corbis; **211** Associated Press; **215** Copyright British Museum; **217** A. J. Copley/Visuals Unlimited, Inc.